凉山州非物质文化遗产

名录丛书（第二辑）

王显晖　阿牛木支　安图　主编

中国社会科学出版社

图书在版编目（CIP）数据

凉山州非物质文化遗产名录丛书. 第二辑/王显晖，阿牛木支，安图主编. —北京：中国社会科学出版社，2016. 12

　ISBN 978 - 7 - 5161 - 9463 - 8

　Ⅰ. ①凉… Ⅱ. ①王… ②阿… ③安… Ⅲ. ①文化遗产—凉山彝族自治州—名录 Ⅳ. ①K297. 12 - 62

　中国版本图书馆 CIP 数据核字（2016）第 308824 号

出　版　人	赵剑英	
责任编辑	安　芳	
特约编辑	席建海	
责任校对	刘　娟	
责任印制	李寡寡	

出　　版	中国社会科学出版社	
社　　址	北京鼓楼西大街甲 158 号	
邮　　编	100720	
网　　址	http://www.csspw.cn	
发 行 部	010 - 84083685	
门 市 部	010 - 84029450	
经　　销	新华书店及其他书店	

印　　装	北京君升印刷有限公司	
版　　次	2016 年 12 月第 1 版	
印　　次	2016 年 12 月第 1 次印刷	

开　　本	787 × 1092　1/16	
印　　张	11	
字　　数	192 千字	
定　　价	78.00 元	

图1 过年前新编的篾笆

图2 晒豆腐

图3　清晨，寂静的村寨被杀过年猪的叫声打破，到处都是烧年猪的火光

图4　吉祥彝历年

图 5　划年肉

图 6　祭祖仪式

图 7　灌年香肠

图 8　祭鹰祭虎仪式

图 9 儿童聚餐

图 10 赛猪膘

图11　智尼博（串门喝年酒）

图12　彝族年娱乐活动：磨尔秋

图 13　彝族年特色菜：猪肚子装肉　　　　　　图 14　背肉拜年

图 15　瓦板房内新年景

图 16　制作原料：银锭

图 17　彝族银器手工制作

图 18　融化银锭

图 19　高温熔银

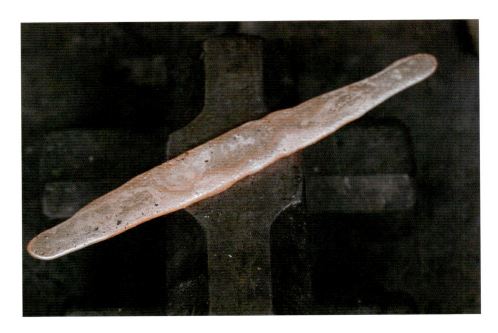

图 20　打制成型

图 21　搓银丝

图 22　拉银丝

图 23　焊接

图 24　焊装银饰

图 25　将银手镯放入酸性液体中清洗

图 26　银纽扣的花纹

图 27　手工雕刻银纽扣的花纹

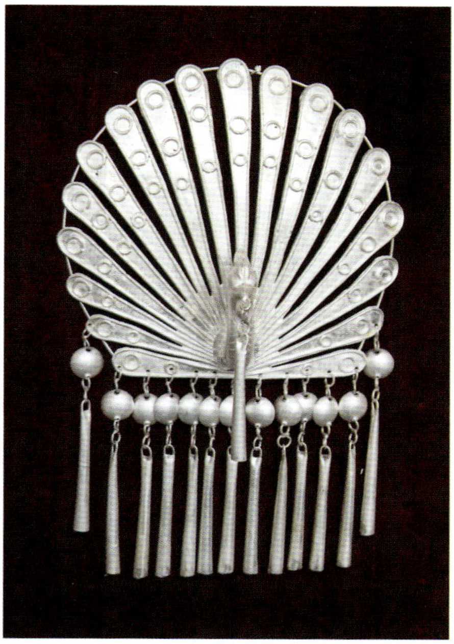

图 28　头饰部件

图 29　布拖勒古沙日制作的银胸饰花纹

图 30　布拖勒古沙日制作的银酒具

图 31　布拖勒古沙日制作的银鸟

图 32　彝族银饰制作技艺国家级传承人勒古沙日

图 33　火把节银饰展示

图 34 银饰盛装

图 35 毕阿史拉则传说彝文古籍

图36　知名毕摩吉克伍沙在开展
毕阿史拉则传说传习活动

图37　毕阿史拉则传说省级传承人
吉火土日在整理资料

图38　非遗专家罗布合机在搜集整理
毕阿史拉则传说相关文献

西昌市邛都洞经古乐分布图

图39　西昌市邛都洞经古乐分布图

图 40　邛都洞经古乐训练

图 41　2001 年，甘绍成教授与美国学者李海伦在四川西昌、会理考察洞经音乐

图42　西昌建昌洞经古乐团参加庙会

图43　邛都洞经古乐弹演

图44　邛都洞经古乐团青龙寺弹演

图45　西昌邛都洞经古乐自费参加第三届国际非遗节凉山展馆展演

《凉山州非物质文化遗产名录丛书》编委会

《凉山州非物质文化遗产名录丛书·第二辑》
编写委员会

主编：王显晖　　　阿牛木支　　安　图

编写：王显晖　　　阿牛木支　　安　图　　　米伍作

　　　巴且拉达　　巴且日火　　吉则利布　　时长日黑

　　　景志明　　　袁　艳

摄影：游小军　　　单孝勇　　　巴且日火　　郭建良

　　　胡小平　　　杨通富

编务：姚永梅　　　吉伍依作

让承载祖先智慧和情感的非物质
文化遗产永久存续

（代序）

  凉山不仅是全国最大的彝族聚居区，也是四川省民族类别最多、少数民族人口最多的地区。境内居住着彝、汉、藏、蒙古、纳西、傈僳、苗、布依、回、满等 14 个世居民族。一直以来，是"藏彝民族走廊"的核心区域。

  特殊的地理环境使凉山形成了一个天然的独特区域，不仅为千百年来繁衍生息于其间的各个民族提供了生存空间与活动舞台，而且使各兄弟民族在这片土地上共同创造的多元共生文明完好地存续下来。诸如充满神性的彝族毕摩与苏尼文化、色彩亮丽的彝族漆器文化、矜持内敛的彝族服饰文化、飘逸婉转的彝族民歌文化、激情昂扬的彝族火把节庆文化、洋溢阴柔之美的摩梭人母系文化、深深镌刻山地特质的傈僳族文化、神秘莫测的藏族尔苏人图画文字等地域性特色文化都绽放着独特的文化光芒，并因其内涵底蕴厚重，表现形式丰富多样，风情浓郁古朴，在国内外都具有较大的影响力。这些非物质文化遗产是凉山各族儿女长期在生产生活实践中形成的智慧与文明的结晶，也是民族传统文化艺术的杰出代表。它完整地凝聚着凉山各族人民千百年来形成的文学、美学、艺术、宗教、政治、哲学、习俗及传统知识等方面的传统观念和思维方式，在民间中有广泛的影响力和较高的认同度。

  近年来，在中共凉山州委、州政府的正确领导下，在州文化广电新闻出版局的努力下，凉山的非遗保护工作取得了不菲的成绩，始终保持引领四川省非遗保护的第一方阵。早在 2010 年就颁布了《凉山彝族自治州非物质文化遗产保护条例》，成为全省乃至全国首个专门为非物质文化遗产实施立法保护的地区；率先创办了"凉山非遗"网站和《凉山非遗报》内部性资料，启动了《凉山州非物质文化遗产名录丛书》的编纂工作和"中国首张彝族非物质文化遗产音乐专辑"编录工作；以整体性保护的思路率先评审公布了州本级"文化生态保护实验区"；创新性提出非遗保护"四个一"工作思路，即以国家级非物质文化遗产代表性项目名录为试点，每项非遗项目出版一本图书、一部画册，拍摄一部抢救式人文电视纪录片，创建一个传承传习基地。

目前，凉山州拥有国家级代表性项目名录 18 项，省级代表性项目名录 105 项，省级非遗生产性保护示范基地 3 个，省级非遗传习基地 2 个，州级代表性项目名录 222 项。特别值得一提的是，2014 年，彝族火把节被国家文化部遴选推荐申报联合国教科文组织"人类非物质文化遗产代表作名录"，是国家文化部从 1517 项国家级非遗名录中唯一遴选推荐申报的项目，不仅在全球视野下广泛提升了彝族火把节的知名度和美誉度，而且为地区和国家的文化遗产保护起到里程碑式的重要作用。

当前，随着全球化趋势的加强和现代化进程的加快，凉山非物质文化遗产受到越来越大的冲击，一些依靠口传心授，并高度融入人们生产生活才能得以传承的文化遗产正在不断消失，许多传统技艺濒临消亡，大量有历史价值、文化价值的珍贵实物与资料，遭到毁弃或丢失。各地区农村外出务工青年人数与日俱增，人口流动性增强。加之各地文化生态环境急剧恶化，非物质文化遗产保护基础理论与实践研究滞后，不能适应非物质文化遗产保护与利用、继承与发展的需要。这些问题在一定程度上影响着非遗保护工作的开拓性和持续性，因此，凉山州非物质文化遗产保护工作任重道远。

非物质文化遗产是一个民族古老的生命记忆和活态的文化基因，只有在相对系统的文化空间里，才能得到有效的保护和传承。为了传承非物质文化遗产，永久留存人类的共同记忆，使民族的血脉和精神的家园得以永久延续并充满活力，凉山州抢先谋划分期编写出版《凉山州非物质文化遗产名录丛书》，这是非遗保护又一实实在在的基础性工作，它无疑将成为凉山州文化建设一个重要支撑点和一批文化遗产抢救性保护的重要成果。借此我向为此而付出辛勤劳作和提供智力支撑的所有凉山文化工作者和文化遗产传承人表示感谢，希望这一创举性的工作能为凉山州非物质文化遗产保护增添原动力，庶几不辜负时代赋予我们的神圣使命和职责！

泽波（四川省文化厅副厅长）

2015 年 3 月 16 日

目　　录

第一章　彝族年

第一节　彝族年概述

一　彝族年的含义

彝族年，彝人称为"库史"，"库"其原始意义为"转""返回""回转""回归""循环"等；"史"意为"新"。"库史"其原始意义为"新的回转"或"新的轮回"，意译即为"新年"。彝族先民通过观察太阳光线对地球上直射点的南北运动，发现冬天日落点南移到最南端时，便不再南移，即为冬至日。太阳在此停留几天后北移，彝人称之为"布古"。"布"即"太阳"，"古"即"回转"，"布古"意为"太阳转回"。太阳向北移动至端点时不再北移，此时便是夏至。太阳返回南移，彝人称之为"布觉"，意为"太阳回归"，太阳回归南移至端点便是"一个轮回"。"布古"至"布觉"，"布觉"返至"布古"，相当于汉族的冬至→夏至→冬至。彝人计算年龄也以此为依据。一个轮回即为1岁。

彝人认为，人生在世，年月对每个人来说都非常重要，谁都不能不用年月的轮回来计算生存的时间。彝谚云："活着随年逝，活着随月逝。"意思是说，人生在世，人的生命无可奈何地被岁月带走。彝族先民将太阳和月亮周而复始地轮回，与具体地反应在"人"和"物"身上的季节感受，巧妙地总结为是

"太阳"和月亮的变化，把它们交错变化的时间称之为"年月轮回时"。久而久之，彝族先民将其固定为"年轮回则过年，月轮回则过火把节"。意思是"太阳回转过新年，月亮回转过火把节"。

彝族先民以此确定新旧交替轮回时间，作为旧时的结束，新时的开始，预示新旧事物的更替。此时，人类自然会关注"生命运行"的又一个起始，不重视这样的时间点，就等于是漠视人类的生命，莫视人类的存在。逝者如斯夫，岁月不以人的意志为转移，而在悄悄地逝去，正因为如此，人类才会珍惜时间。彝人感慨"活着年，活着月"。意思是旧的日月逝去了，新的日月开始了。"过新年"和"过火把节"是旧轮回逝去的象征，也是新轮回开始的象征。为使生活在新轮回中的人们幸福安康，人们祈求讨好新年。于是，彝家人无论身在何处，每至过新年时全家人须团聚，一起度过辞旧迎新的时光。

二　彝族年的由来

根据有关专家、学者的研究，彝族年缘于彝族十月太阳历。十月太阳历是彝族先民创制的一种特殊的历法。按照这种历法，每年 10 个月，每月 36 天，共 360 天。另外有 5—6 天为过年日。这种历法无大小月份之分，每月都为 36 天，便于人们记忆。十月太阳历选择冬季傍晚观测北斗星（彝语称之为"沙尼"）的斗柄指下为大寒农历腊月；夏季傍晚观测北斗星的斗柄指上为大署农历六月。以大寒和大署为元日，准确地反映了季节变化的规律。这冬夏两个节日即为"彝族年"和"火把节"。分别定于农历腊月二十六日和农历六月二十四日。一些专家、学者研究表明，现在彝族地区流行的火把节和彝族年，最初是根据太阳历制定的。当星回标志北斗星的斗柄指上为大暑时即过"火把节"；而当星回标志北斗星的斗柄指下为大寒时则过"彝族年"。"直至近代，几乎所有的彝族地区，仍在过着这两个年节。例如《职贡图》说，'以六月二十四日为年，十二月二十四日为岁首'。《易门县志》说，'六月二十日为大节'，'以十二月二十四日为年节'。光绪《四川越巂厅全志》载，'六月十四日为过小年，十月朔为过大年。'《临安府志》也说，'六月二十四日为节，十二月二十四日为年'。"①

三 有关彝族年的传说

1. 彝族年传说之一

远古时期，木克勒惹偷杀了上方阿底窝勒的母猪，阿底窝勒发现后向木克勒惹索要赔偿。为了赔偿猪的事，阿底窝勒和下方的木克勒惹进行谈判，从农历十月初一谈到十五方才商定出一个结果：每年农历十月初一至十五其间，下方百姓家家都杀猪向阿底窝勒赔偿。木克勒惹事后想，十月杀一次猪，过年时还得杀一次猪，哪有那么多猪可杀呢？于是他就把彝族年改在每年的十月初一至十五之间的某一天杀一次猪。

2. 彝族年传说之二

凉山彝族腹心区域美姑一带流传的彝族年来历是，相传，很久以前，凡间人类与上方圣人通婚，圣君恩体古兹有女嫁与凡间人伍哲曲布。嫁女当天，恩体古兹告诉管家万得阿约，一定要设法阻止专以挑拨离间为能事的租惹火尔前往人间参加婚礼。管家得令，为阻止租惹火尔，心生一计，叫租惹火尔用竹筐背水，将水缸装满后方准其参加婚礼。狡猾的租惹火尔用黏土拌成泥浆，将泥浆糊上筐，并用火烤之，而后用其背水将水缸装满，随即迫不及待地赶往婚礼现场。租惹火尔赶至婚礼现场时，婚礼即将结束，适逢管家万得阿约为婚嫁彩礼正与伍哲曲布争吵。租惹火尔心生诡计，来到伍哲曲布面前，对伍哲曲布耳语道："万得阿约是个贪得无厌的人，只有狠狠地吓唬他，他才会罢休，你何不拉弓搭箭对准其威胁之。"伍哲曲布信以为真，于是举弓搭箭对准万得阿约，此时，在旁的租惹火尔趁机撞了一下伍哲曲布的右手，飞箭射死了万得阿约，婚礼现场一片混乱。租惹火尔见势不妙溜之大吉。恩体古兹妻子听说万得阿约被

① 陈久金、卢央、刘尧汉：《彝族天文学史》，云南人民出版社1991年版，第194—195页。

伍哲曲布射死，大怒，立即骑上骏马来至人间索取人命债，并宣告："姻缘之桥已被租惹火尔拆断，从今往后不再与凡间人户开亲，并到万得阿约死的季节，凡间人户家家须杀猪、酿酒、砍柴、磨面来祭奠赔偿。"因万得阿约死时为冬季，于是，人们只好遵从在冬季之时便杀猪过年。

3. 彝族年传说之三

很早以前，山上住着一户三兄弟的彝族人家。他们年年辛勤耕耘，却年年被上方君王派来的人将土地抄翻，庄稼也遭受破坏。有一年，兄弟三人逮住一人，大哥主张杀掉，二哥主张暴打，老三则主张问清缘由再做决定。于是老三对此人进行审问，此人说他是奉上方君主旨意，被迫如此行事。在审问中，兄弟三人还得知上方君主妄图开堤决河，使大地洪水泛滥。兄弟三人听罢大惊失色，问计于此人，征求避难的意见。此人说，老大可在山脚下修一铜房居之；老二可在山坡上修一铁房居之；老三可在山顶上修一泡木房居之。如此方可避之。

兄弟三人按此修建房屋居之。至 13 天后，浩浩荡荡的洪水铺天盖地而来，居于铜房的老大和居于铁房的老二终因沉没于水下而被淹死。只有老三因居于泡木房浮于水面，洪水退却之时停留在一山头。

老三的泡木房引来很多前来避难的飞禽走兽，老三热情地接待了这些死里逃生的客人。后来老三想娶上方君主的女儿为妻，那些寄居在老三泡木房里的飞禽走兽，便商量着要成全其婚事。

有一天，上方君主下来巡视人间，发现一山头居然还立有一幢房子，房顶上还有一只乌鸦在鸣叫。乌鸦鸣叫是不祥之兆，上方君主忙叫妻子翻阅典籍，开柜一看，发现典籍已被老鼠咬得破烂不堪。上方君主气愤至极，便追打老鼠，途中被一蛇咬伤了脚趾，疼痛难忍，一只云雀飞来告诉上方君主，说青蛙能治好他的创伤，君主妻子立即请来青蛙，青蛙却要君主答应将女儿嫁与老三，方才给其治疗，无奈，上方君主只好应允。

于是，老三娶了上方君主的女儿为妻，狗儿为老三献上粘在其尾巴上的三粒谷子。夫妻俩将三粒谷子种于田间，秋天收获了三把谷穗。来年春天，又将三把谷穗种之，秋天收获了九把谷穗。第三年，老三家获得了千斤谷子。

夫妇俩为了庆祝丰收，在农历十月初一至十五的一天，煮上白花花的大米饭宴请曾救过老三的人和成全他们婚事的飞禽走兽们。日久成习，这一天就成为彝族的年节。①

彝族过新年始于何时已无从考证，《吕氏春秋·贵因篇》云："审天者查列星而知四时，推历者视月行而定晦朔。"以观察天象、气象、物候而知季节、时令并给予划定，进而将人类社会日常生活与生产纳入自然律性之中，以致形成种种不同的节日民俗。从彝人观察太阳光线对地球上直射点的南北运动规律，从而认知"布古""布觉"，并由此规定"过新年"就诠释了这一点。因此，可以肯定，彝族过新年发端于古代彝历。上述彝族民间诸多传说，仔细分析，其侧重点似乎在于庆贺过新年时杀猪现象的由来，并非为"彝族年"由来的传说。"彝族年"杀猪及其他活动内容是在过新年的基础上产生的，这一切不过是在为彝人"过新年"锦上添花，意在庆贺而已。当然，随着"彝族年"的世代传承，诸多围绕"过新年"时举行的庆贺活动，促使"过新年"的内涵得到了扩张，已成为"彝族年"的组成部分和彝族年文化的载体。

四　彝族年的分布区域

历史上，川、滇、黔、桂广大彝区皆过彝族年，由于种种历史原因，滇、黔、桂大多数彝族地区对彝族年日趋淡忘，转为过春节。彝族年主要盛行于四川凉山彝族自治州17个县市的彝族地区，以及凉山彝族自治州周边的米易、盐边、九龙、泸定、汉源、石棉、峨边、马边、金口河、屏山彝族地区，还有云南操北部方言的彝族地区。

---

① 张明、马金明、沙马瓦布：《寒月中的庆典：凉山彝族年》，《凉山民族研究》2008年年刊，第77—78页。

五　彝族年传承人的存续状况

彝族年是彝民族的传统节日，广泛存在于当地民间，主要由集体传承。其代表性传承人老板萨龙是省级传承人，男，彝族，1978 年生。为了宣传和保护彝族年，他走遍了凉山 16 个县，搜集了关于彝族年有关的图文资料，整理编著成《彝历》《彝历年节》《彝历日经》《彝历年经》《彝族历算》《彝历易杂说》等书。其传承谱系为：古侯哈子→哈德→吉坡→吉坡吉马→吉马使都→使都坡俄→坡俄依来→依来依机→依俄阿侯→阿侯顿子→顿子顿罗→顿罗格布→格布火萨→火萨且尔→且尔伙俄→伙俄打曲→打曲么格→么格勒俄→勒俄德志→德志木史→木史俄霸→俄霸伍机→伍机史哈→史哈曲坡→曲坡萨龙（老板萨龙）。

第二节　彝族年的程式及内容

一　彝族年的程式

凉山彝族年的程式分为：选定过年猪、砍年柴、碾荞面粉、酿酒、择定吉日过年、割烧猪草、砍竹编席、扫尘除秽、过新年、朵博、阿普博基、拜年等程式。

二　彝族年的内容

（一）选定过年猪

彝人十分重视和讲究过年猪的选择，认为过年猪不仅是奉献亲戚的最佳肉食，而且是恭敬祖先的上乘祭祀品。一般来说，过年猪的选定，在其还处于猪仔之时便选定。所以过年猪的选定时间往往是数月或一年甚至两年前。过年猪仔的选定有严格的要求：猪仔通体不能有缺陷，忌用种猪、老母猪、花毛猪、黄毛猪作为过年猪。过年猪一旦选定，首先便对其喂养粗饲料，俗称抽架子，而后喂精饲料催肥长膘。彝家的猪传统上是敞放的，每当收完粮食，将猪群敞放于寨子四周的田地间，谁家的过年猪大或小人人都能看见。每当过年快要来临之时，彝人男女老少常聚在一起，评说寨子里谁家的过年猪最肥。过年猪又大又肥，意味着该户人家勤劳、治家有方。彝人认为，过新年不仅是活着的人在过，也是给逝去的祖先们过。过年之时，祖灵将回归自己的子孙家，与子子孙孙们团聚，欢庆新年，共享美味佳肴。如子孙们敬献的是又大又肥的过年猪，敬诵的是言辞恳切的敬语，那么，祖先必赐福于后人。因此，但凡看见又大又肥的过年猪，人们总是对喂养过年猪的该户人家赞不绝口，羡慕之情油然而生。正因为彝人如此看重过年猪，若有强盗盗走过年猪，一经发现，凉山彝族"习惯法"规定要从严处罚。

（二）砍年柴

"砍年柴"，彝人称之"库史斯热"，在过年前一至两个月，男人们便提上斧头劈很多柴禾于野外，彝人的观念是，柴禾用于煮肉祭祖，有祖灵在看守，若有人偷之，定有不测。所以，堆在野外的过年柴禾往往无人敢偷。待柴禾晒干后，全家出动，赶在过年前将柴禾背回院坝处，整齐地垒起来。垒过年柴还有讲究，要垒得笔直，共垒九层。"九"在彝人的观念中有"吉祥、牢固、众多"之意。年柴准备得多，寓意家庭人丁兴旺，劳力强势勤劳。因此，寨内彝族人家往往相互攀比，家家户户院坝里皆堆有垒起来的柴垛，甚为显眼。年歌《堆柴垛》唱道："林海茫茫，挺拔的大树，生机勃勃，叶儿翠绿，一岁一年节，派了九个年轻人，手持九把斧，山中去砍柴，选呀选，砍下从未沾过铁器的树，砍下九十九背柴，过年堆柴垛，柴垛似悬岩，烧起过年火，屋内烧火屋外亮，迎接祖先来过年，祖先身上暖洋洋，屋里暖洋洋，子孙乐呵呵，全家多祥和。"

在彝族民间还流传有关砍年柴的民间故事。传说，很久以前，一到冬季农活忙完，收粮归仓，一些人闲于家中，无所事事，惹是生非，有的人染上了偷盗的恶习，于是，有的人家东西被偷，牲畜不时失踪。一个寒冬季节的某一天，一个叫尔布库萨的人家，三头大肥猪被人偷走，多日不得寻回，他担心家中的最后一头猪也被盗，便将这头大肥猪杀了，并买来美酒，请来邻居和亲朋好友一起享用，并向大家倡议，大家辛勤劳作了一年，着实辛苦，现在寒冬季节，不便做事，且牛羊肥硕，粮食归仓，今后每年值此时候，何不杀猪置酒，快乐享受美酒佳肴，欢聚一番，以庆五谷丰登，六畜发展。大家拍手称好，一致赞同，故而此后每年粮食归仓之时，人们便杀猪庆贺，快乐无比。庆贺完毕，人们还要背上猪肉、美酒去拜亲访友，让亲友也分享丰收快乐。人们沉浸在快乐之中，即使闲来无事，也无人偷东西了，这样的快乐生活在人间延续了很久，终因一鬼怪的出现而宣告结束。这个鬼怪名叫"勒格特比"。他见人们过年如此快乐，便来到人间，也要过年，过年时每家须让其吃一个人。于是，人们不但不能享受过年的快乐，还要年年遭受鬼怪的残害。后来，彝族中出了一个大英雄，名叫支格阿龙，支格阿龙用其聪明才智制服了"勒格特比"，只答应每年过年时每家要垒一堆柴禾给"勒格特比"吃。过年时的柴堆因而也叫"勒格特比柴堆"。人们用"勒格特比柴堆"送给他吃，以换来全家人的快乐安康。这一习俗沿袭至今。

（三）碾荞麦面粉

按彝族传统习惯，过年后7天之内不能下地做活、推磨、砍柴，更不能发生吵架、纠纷等行为。过年间所需的荞麦面粉须在过年前备好。彝人认为：过年间若有人推磨，发出推磨声，惊动苍天，来年苍天会降雷雨，造成涝灾。因此，彝族妇女便要在过年之前早早地将荞麦面粉推好，备足过年后一个月所需。过年间，所有食品中，苦荞面和燕麦面为必备品。因过年祭祀祖先以及拜年，苦荞面及燕麦面为必用品，因此，要早做准备。

（四）酿酒

彝谚云："美酒是友谊的护堤。""彝家有规矩，待客先用酒。"彝人将酒视为增进友谊，待人接物不可或缺的佳品。过年以及拜年没有酒是不行的。因此，彝族人家在过年前便要酿制泡水酒、醪糟酒、杆杆酒，以备祭祀祖宗、待客、拜年之用。

泡水酒以荞麦、玉米为原料，经蒸煮发酵后装入木桶内密封十余日。届时浇洒凉水一小时左右，即可饮用之。其味甘甜清爽，可口宜人，余味悠长。这种酒可根据需要酿制成高度浓烈型或酸甜低度型，男女老少各取所需，深得彝民喜爱。

醪糟酒的制作，多用玉米、燕麦、大麦等磨制蒸煮后发酵而成，其味道甘甜清爽。故有彝谚云："待客醪糟好，既能醉人又能饱。"是彝家老人、妇女、小孩最喜欢的上佳饮料。

甘洛、越西一带盛行酿"杆杆酒"，以苦荞或大麦做原料，经蒸煮发酵后装入坛子内密封，搁置十余日后便可饮用。因饮用时，用若干根空心竹竿直插酒坛内饮之而得名。"杆杆酒"因酒精浓度低，为男女老少所喜爱。彝族大户人家，在过年前即备有若干坛"杆杆酒"，以备招待贵客。

（五）择定吉日过年

彝族人民的传统是，不同地区不同村寨的过年日期不同。一般以自然村寨为单位，在秋收后的农历十月至十二月间选择吉日举行。择日方法大多请毕摩择根据彝历来择日，按彝历测算，属猴、属虎日子为佳，属狗、属鼠的日子次之，忌属猪、属龙日。但都以"塔博"日最好。"塔博"是"六姐妹星"和月亮交错的日子，28天交错一次。"塔博"后的7天内都算吉日。忌"威尼"日，即"塔博"前7天。

（六）割烧猪草

凉山彝人过年猪的猪毛不用开水烫，也不能用杂草烧。彝人认为过年猪不仅为在世之人享用，还要用来祭祀祖宗，必须用野外无污染的蕨草来烧之。因此，要在过年之前选一良辰吉日，割来上百斤蕨草置于院内猪狗不及的干净地方，避免被猪狗践踏，更不允许猪狗拉屎于蕨草之上。

（七）砍竹编席

过年前三天，彝人要砍竹子，编好四张竹席。一张用于杀年猪时堆放猪肉；一张用于杀猪时，垫于死猪下，便于清洗年猪；另外两张供人盘腿而坐。编好的竹席置于猪、狗、鸡不及之处，以免被其弄脏沾上秽气。

（八）扫尘除秽

扫尘除秽是年前最后一次准备。彝人认为，过新年是亲友团聚，祖灵回归与子孙共度佳节的日子，也是亲友相互拜年慰问，互祝安康吉祥的良辰吉日。因此，保持清洁亮堂的环境自然很有必要。过年前一天，彝族家家户户男女老少齐动员，兴高采烈地大搞室内室外卫生，清洗家什，扫除室内墙壁及屋顶灰尘，放正灵牌，全家人换上新装。过年年歌唱道："手拿金竹扫把，打扫锅庄旁，扫出一条盐茶路，招进盐茶魂；打扫大门前，扫出一条金银路，招进金银魂；打扫屋后山，扫出一条牛羊路，招进牛羊魂；向着加斯乌托扫，扫出一条珠宝路，招进粮食魂……"并在当天傍晚举行"送神灵"（意为换年）的祭祖迎祖仪式后方可吃晚饭。

（九）过新年

过新年这一天，天刚拂晓，女人们便早早起床烤制荞饼、煮鸡蛋、蒸米饭。饭后，将米汤端去喂过年猪，如此，过年猪杀出的血便多，寓意新年财旺，粮食丰收。男人们则磨刀霍霍，准备捆猪的绳索。有的地方还有铺松叶的习俗。就是在火塘的四周铺上松叶，特别是在神龛前一定要铺上松叶。小孩们则相约一道，挨家挨户讨要过年粑。彝族认为过年这一天谁家小孩讨要得越多，谁家来年就会五谷丰登、六畜兴旺。

杀过年猪前，各户在门前烧一堆火，让其冒出浓烟，彝称"木谷此"，意在向老天和祖先通报过年的信息。烧火的燃料须用稻草或荞秆、麦秆等。当门前燃起滚滚浓烟之时，主人家便对着茫茫苍穹，大声呼唤，邀请祖先们快来家里与子孙们共度佳节。紧接着便开始"尔擦苏"。所谓"尔擦苏"，是彝族人家一种驱邪禳灾的仪式。具体做法是：将在火塘中烧红了的净石夹入盛有艾草和清水的瓢内，顷刻便有水汽蒸腾。趁水蒸汽升腾之际，围绕屋内转一圈，或绕祭祀品上空转一圈，如此便视为清洁。在彝族家庭中许多场合皆要举行这项仪式。尤其过新年时，务必举行此仪式。凉山彝族人家在燃放烟火之后便要开始举行"尔擦苏"。首先是将过年要用的各种炊具放置于门口，经过"尔擦苏"之后放回屋内；其次是将为祖宗预备的装在羊皮口袋内的燕麦炒面、荞面、碗筷经"尔擦苏"仪式后，挂于屋内左边主位上方，主人家口诵祭献辞，以示诚心祭献祖先。"尔擦苏"之后，便可杀过年猪了。

彝族极讲究长幼有序，故而捉杀过年猪有特定的规矩，由村寨里的青年男子，从最年长或辈分最高的家里开始捉杀，而后再按辈分长幼依次进行。中华人民共和国成立之前的凉山彝族社会，杀过年猪时一般先从土司家开始杀，无土司的村寨，便从头人、毕摩、德高望重者按先后顺序进行杀猪。其余人家谁先谁后无关紧要，由杀猪队伍商量着宰杀便可。

当杀过年猪的男青年们来至主人家时，主人家会殷勤地斟上美酒，以示尊重。各位年轻人饮毕，七手八脚通力合作将过年猪放倒，放倒后将猪头移至东方，猪头之下置一干净枕木（彝人认为祖灵从东方回归子孙家来过年，猪头为过年猪躯干之首，猪头向东，以示敬献祖灵）。此时，主人家则先用木瓢盛上清水，从室内火塘中夹一块烧红的净石置于清水中，趁蒸气升腾，绕过年猪一圈，并口诵驱邪经，以示驱除洁净过年猪污邪，经过"尔擦苏"之后，杀猪之人方可操刀杀猪。杀猪之时，由主人家属端上盆子，以接猪血。有的地方要将烧好的海椒投放于猪血中。彝族民间有这样的传说，言麻风鬼喜到有猪血的地点停留，烧海椒能驱赶麻风鬼。而有的地方则将木姜籽磨成细粉，将其洒在柴堆上、院坝中、火塘边，为的也是驱走麻风鬼。猪血接好后，由男主人将一盆猪血端去神龛上祭祖，称为猪血祭。

过年猪死后，这伙年轻人又去杀下一家过年猪。主人家则开始烧猪。猪的烧法是，先解开捆猪的绳索，并将其放置于鸡狗碰不着的地方，抽去枕木，使猪俯卧，猪头仍向东，然后，用蕨草从头到尾盖严实，并点松明火将蕨草引燃。待猪毛烧尽时，用清水泼于猪身，刮洗干净，而后将其移置于篾席之上，开始解剖。剖猪极其讲究，不能乱了顺序。首先，分解口子肉，洗净后按先左前蹄后右后蹄的交叉顺序进行，不得违背。其次，猪剖开肚后，取出胆、脾以占卜吉凶。猪胆硕大，胆汁饱满，脾脏红润，形状如竹叶般伸展，便视为全家新年幸福安康，六畜兴旺，五谷丰登。具备象征幸福安康的猪胆，彝人认为是祖宗神灵的恩赐，便特意将其悬挂于室内火塘最上方的顶梁柱上，以示对祖灵的恭敬，并好让来客观赏。反之，如猪胆胆汁少，脾脏弯曲，且色泽暗淡，则视为全家新年凶多吉少，牲畜衰败，庄稼歉收。（如遇此情况，主人家过年后三五天内要另杀一头小猪重新祭祖，再看猪胆、脾脏）杀猪者取出猪胆、脾脏交与主人占卜后，再取出五脏六腑，砍下猪头。割下一块猪肝、一块猪头肉、若干块猪脚肉，加上两个肾脏，主人家以盘盛之，迅速地拿去室内火塘中烧熟，盛于肉盘内，撒上盐并配与杯酒，经"尔擦苏"并吟诵祭辞道："敬阿普，敬阿妈。去年这样过，今年这样过，来年这样过。祈赐我们一家人丁安泰，牛羊兴旺，五谷丰登！"诵毕，将祭品献于室内主位上方牌位上祭祖，彝语称为"松木"。随即男主口诵祭语道："不祭翅膀被鼠咬过的飞雁，不祭贪吃粪便的猪狗，不祭半夜吼叫的黄牛。我们是干干净净的人家，没有诅咒过世上的人们，没有贪吃蹄类的肉体，没有打杀过有翅的禽类，没有害过有足的青蛙。愿孩子们玩的地方没有疾病，愿牧羊的山坡不要盘踞豺狼，愿长起禾苗的地方不落暴雨，愿种庄稼的地方不降冰雹。"祭祀毕，方可撤下祭祀品，先将烧肉献与家中年长者品尝，而后再分与家人食用。

　　烧肉祭祀祖灵完毕，男人就用砍刀顺着过年猪背脊骨将其砍成两半，抬回室内放置于堂屋篾席之上后稍作歇息。而村寨内的女人们则相互邀约，抬上过年猪肠肚到河边冲洗。这时，满怀节庆喜悦之情的女人们聚在一起，边冲洗过年猪肚肠，边畅谈各家过年猪的大小，以及描述杀过年猪时激动人心的场面，其乐融融。冲洗完毕，取下猪尿包，让老人们过目占卜来年的天文气象，认为猪尿包内的尿液多，来年雨水便多；反之，则干旱。尿液由大人倒入内室，意在驱邪灭鬼。尿包外壳则让小孩吹气于内，在篾席上反复搓揉成一个鼓起的"气球"，挂于火塘左边内室墙上。

　　忙至下午时分待太阳快要落时，还要举行一次祭祀仪式。届时，将祭品——猪前肢、腰、肝连同九个小荞粑一锅煮上。如果家中还挂有灵牌，就在家中举行仪式；如无灵牌，就在屋外烧一堆火举办。祭祖之人用手将祭物一点一点掐掷天上，口诵祝辞："愿全家平安幸福，愿畜群不断发展，愿五谷丰收增产，愿子孙世代昌盛。"诵毕，将祭品带回家中，全家人尝毕，祭品放回原处继续供奉。然后，全家人团聚煮年饭。年饭一般煮大米、砣砣肉。煮好后，照例先敬祖宗，用精致的木器和竹器，盛上肉和米饭，置于祖灵牌位处，还放上两汤勺。而后主人家方可正式吃年饭。彝胞在过年期间，大可尽情吃喝。有彝谚云："举行婚礼三天，不存在说错谈错的说法；欢度年节的三天，不存在吃多喝多的说法。"

当天，杀猪的人户都要给村寨内没杀过年猪的人送去一块肉。因此，人户多的寨子，没杀猪的人家所收到的猪肉，往往比一家杀猪的人户还多。每遇此种情况，没杀猪的人户，除切身感受到村寨内左邻右舍团结友爱的好处以外，心里自然感到过意不去，多数人户往往会暗下决心，勤劳持家，来年亦能杀过年猪。晚上，村寨里的年轻小伙子们打着火把进行"串酒乐"活动。"串酒乐"队伍为自然组合。每到一户人家，一踏进门槛，首先问主人家猪胆、脾脏美不美。主人家往往回答客人："猪胆像蜜蜡珠般黄灿灿，猪脾像竹叶般长条条，规整不缺边。"并向客人献上美酒年肉。小伙子们接过美酒，边饮边唱："天空没有乌云，太阳月亮好放射光芒；天空不吹大风，白鸽好自由飞翔；地面没有乱石，骏马好欢乐地奔驰。年吉好作毕，月吉好建房，日吉好过年，夜吉好结缘，好扭姑娘的耳朵……"有的则唱"酒乐歌"。年歌唱的都是幸福歌，内容丰富多彩，回肠荡气。"串酒乐"队伍往往会越聚越多，多数情况下，年轻人乘着酒兴通宵达旦，欢歌笑语，共庆新年。

（十）朵博

新年的第二天，彝人称之为"朵博"（意为新年后的第一天）。这一天，孩子们一般以村为单位，成群结队，各自带上煮熟的弯猪脚（前蹄）、猪肉和其他食品，相聚在村寨附近大树下，或者小河边，进行"吾西拉古格"（玩猪脚）活动。多由一名男性长辈主持，主持者将孩子们的猪脚、食物集中起来后，指导孩子们进行分工，有的负责取水；有的负责找柴禾；有的负责洗、煮猪脚。而后开始煮猪脚和食物。待猪脚和食物煮熟后，孩子们自己动手将肉切成小块，再配上煮熟的大米、荞粑做成大锅饭。然后，主持者先用食物进行祭虎、祭鹰的活动。祈祷鹰、虎不要啄食小孩。祝愿孩子们像鹰、虎般勇敢。有的地方还要祭祀树神或石神，祭者口诵祝祷辞，祝愿孩子们像大树一样，苗壮成长。然后再将肉食分食。

青年男女们则热衷于文化娱乐活动，活动依地方不同而各有差异。主要为偷元根、拔萝卜、唱串门酒、看年猪肉、唱年歌、玩磨尔秋、摔跤、玩猪脚、小孩聚肉、弹月琴、赛马、摔跤、斗牛、斗羊、斗鸡、赛猪膘肉等活动。

偷元根、拔萝卜是在姑娘和小伙中进行的一项别开生面的活动。当鸡鸣时分，姑娘、小伙子们悄悄起来，不声不响地背着水桶或到泉边取水，或去地里偷元根、拔萝卜。如果在途中遇见他人或听到声响便装作不曾看见、听见。彝族认为，年中有水、菜悄悄地被"偷"进屋，意味着今后财源不断、五谷丰登。

唱年歌是年间的一项重要活动。届时，村寨里的男、女依年龄分别以十人或数十人结队，挨家挨户串门喝酒，每到一处便送上吉祥的祝词，然后唱年歌。年歌的主要内容为砍柴备柴、迎祖敬祖、招谷魂、祈望丰收等，由串门者演唱年歌。

玩磨尔秋也是年间的一项重要活动。参与者多为青年男女。届时人们着节日盛装相聚一宽阔的草坪，坪间立一柱作支撑，上一架6—8米长的横木，青年男女一人或两人一组在磨尔秋上两端各展风采。磨尔秋荡起之处，人山人海，吆喝声、叫好声此起彼伏。身着长裙的姑娘，飞舞于空中，像飘然而至的仙女；小伙子凌空飞旋，犹如空中雄鹰，时而上升盘旋，时而俯冲直下，酣畅淋漓，为彝族年增添了喜庆的气氛。

（十一）阿普博基

过年的第三天，彝人称"阿普博基"，即"送祖"。鸡鸣时分，全家人便起来送祖。在彝人的观念中，祖先已同子孙团聚过年完毕，这一天，子孙可送其回归了。其将早已敬供在"阿普玛都"（灵牌）灵位上的祭品（年肉、饭、汤）撤下回锅加热后，热气腾腾地再供于灵位上。意在让祖先们食用后好赶路。家长高举酒杯，祝颂道："来年盼祖先保佑子孙清净平安，风调雨顺，六畜兴旺，五谷丰登，你的子孙要养最大的猪，要堆最高的柴垛，要做最香的美酒恭候祖先回来与子孙过年。"颂毕，倒上酒少许，割上少许肉，置于"灵位"上，再祝愿道："天已亮了，草原上的云雀舞起来了；蕨草里的雉鸡在鸣叫了；山林里的獐鹿在跳跃了；水里的鱼儿在翻跃了；祖先告别子孙的时候到了。老虎起身的时候显现的是花纹，祖先离去的时候要给子孙留下幸福安康。祖先走了，祖先路过村口，要驱除疾病瘟疫，路过庄稼地，驱散冰雹雪粒。青年小伙子们，跨上骏马，送祖先回程……"与此同时，在门上挂一装有炒面的口袋，意为让祖先在路上食用。结束后，全家人围坐一处享受"送祖饭"。

送去了祖宗，大家相互祝愿来年万事如意。接着主妇就手持一皮绳在室内每一角落边敲边说："请祖先们将妖魔鬼怪抓去，将彝鬼汉鬼抓去……"然后，与祖先神灵告别："阿普、阿妈慢慢走，去年这样过平安，今年这样过平安，来年亦要这样过才平安。"

（十二）拜年

拜年，是彝族年的延续，是彝族年的一道风景线。届时背肉队伍三五成群，笑逐颜开携酒负肉在途中。彝族认为，年猪一是献给祖先的礼品，二是献给亲友的礼品。给长辈亲友背年猪肉及酒，是彝族自古不变的规矩。拜年的主要对象是岳父母、父母、舅族长辈、本血缘家支直系长辈、本村孤寡老人等。以拜望岳父母及其长辈最为讲究。一般是过完年以后，女婿女儿带上猪肉及酒等拜望岳父母。如在拜年途中，遇到熟人要让其喝"开口酒"，喝酒之人要给予适当的礼金，以示亲谊，凉山彝人称之为"卡巴"（回馈礼金）。给"卡巴"是彝族由来已久的传统古习。晚辈至长辈家拜年，长辈家要向晚辈馈赠"卡巴"。"卡巴"的多少，由主人家视情况而定，大至金条银锭、马牛羊畜，小至鸡甚至小饰品亦可。

每当晚辈前来给长辈拜年，长辈的邻居们都会前来会客饮酒看肉，前来饮酒者也会视自己的钱财承受能力情况，向拜年之人馈赠"卡巴"。此时，美姑一带的彝区还唱年歌，由一人领唱，众人跟唱，年歌唱道："年轮十二年，今年最吉祥；月轮十二月，今月最吉祥；白昼十二天，今天最吉祥；黑夜十二晚，今夜最吉祥。姻亲朋友走亲拜年，今年最合适，今月最合适，今天最合适，今夜最合适。拜年的猪腿送上来，猪肝、猪心送上来，炒面鸡蛋送上来……为了讨好这个年，我家曾派九铁匠，打磨九把斧，交给九壮汉，在那深山里，砍了九堆柴，码了九堆柴，备给先祖烤火用。曾派九铁匠，打磨九把镰，交给九女子，在那屋下山崖里割了九捆草，备给先祖来垫用。大家这样缅怀先祖后，子孙就会孝顺和繁衍。派了九壮汉，背上九个坛，来到汉区买了九坛酒，等待祖灵来享用，等待长辈来享受。在家这样尊重老前辈，儿孙就会健康和聪敏。派了九母女，养了九头猪，等待先辈来享用，派了九壮汉，搓了九根绳，拴了九头猪，等待先祖来享受。大家都能这样做，子孙就会更兴旺。

年歌唱了又想唱，现在就来唱唱起源歌，听听哪些东西是哪个人发明的。远古的时候，阿约阿西发明了擀毡术，火毕史楚发明了'撮毕'祭祀，体毕扎木发明了超度杀猪剥扇骨，阿牛都日发明了修建房屋，兹尼史色发明了联姻嫁娶，俄布库散发明了过年过节，莫科底只发明了调解纠纷……

年歌唱了又想唱，坐在上位的长辈，行在下方的儿孙，盛酒的酒杯如蝶飞，献给上方的老人喝。老人所在处，儿孙得欢聚。父系三代在一起，怎能不勇敢；母系三代在一起，怎能不漂亮。前辈见了儿孙乐融融，儿孙见了前辈喜洋洋。

年歌唱了又想唱，过年三天里，食物很丰富，没有吃错的；结婚三天里，语言最丰富，没有说错的；撮毕三天里，看点特别多，没有看错的。先祖魂灵们，过年三天里，邀请你们到阳间来同乐，来时路狭窄，走时一定要拓宽；来时穿蓑衣，走时一定披金戴银走；来时用木作拐棍，走时一定骑骏马。尊敬的先祖们，白花花的面粉送你们，黑压压的肥猪送你们。尊敬的先祖们，大雁起飞后，美姿留在起飞处；虎豹窜走后，艳丽的斑纹留在窜走处；美女嫁走后，精巧手艺留给了娘家；骏马离赛场，赛场留下来，成为驯马的场地；先祖魂灵要返程，幸福平安留下来，留给主人家。

年歌唱了又想唱，先祖魂灵们，你们又得回阴间，不走不行了，走的年份要算今年好，走的月份本月好，走的白天今天好，走的夜晚今夜好。你们走后，一定要把吉祥安康留下来，留给晚辈们，生儿得九子，九子分九支，富裕、德古①、勇敢多出现；生女得十女，十女连十姓，贤惠手巧漂亮多出现。今晚年歌唱到此，祝愿大家都平安，且听下次的年歌。"②

彝族历来是一个好客的民族。因此，不仅内部有着传统的友爱互助亲谊的习俗，而且有和其他兄弟民族友好往来的传统。年节期间，他们习惯把附近兄弟民族的亲朋好友请来，尊为上宾，热情招待。主客盘腿而坐，饮酒吃肉叙友情，其乐融融。

第三节　彝族年的变迁

节日文化是发展变化的，从节日主要形式和内容来看，似乎是相当稳定的，但这是相对的。随着社会经济与政治的发展，在历史潮流的冲击影响下，节日文化无论是精神文化，还是作为物质文化与精神文化的综合体现，都会发生相应的变化。"彝族年"作为彝族节日文化的构成要件，在历史长河中，经世代传承，到今天，仍活态地存在于彝区，但其形式和内容都存在着变迁。

要讲清楚"彝族年"的变迁，须得从历代朝廷对边疆少数民族采取的"土司制度"谈起。土司制度最早发端于汉武帝时期。汉武帝在"西南夷"地区设置郡县的同时，鉴于西南夷地区距离中原皇朝遥远，且风土人情与中原地区有异，不能采取像统治内地汉族那样的方式来统治西南少数民族。所以对西南少数民族地区的统治，必须采取与内地汉族地区不同的政策。这种政策须得与西南少数民族地区的具体情况相适应，又可维护封建中央王朝的统治利益。最终汉朝廷制定了一种所谓的"羁縻"政策。即西南土著的西南夷部落首领只要不与朝廷作对，仍授予王或侯爵位。如仍封夜郎王为夜郎王，邛部首领长贵为邛

---

① 德古：彝语，能言善辩、办事公道的民间有威望的调解人。
② 马土哈：《凉山彝年歌述论》，《凉山民族研究》2009 年年刊，第72—73 页。

部王，句町、漏卧等部落酋长为侯等。这种"羁縻"政策一直延续到唐宋时期，唐宋时期在这种政策指导下对西南少数民族地区设置的州、县称为羁縻州县。这些羁縻州县只要臣服于朝廷，不犯上作乱，便对其政治架构及生活方式不做彻底变革。

古代彝族年是以"十月太阳历"为依据，过年选择在农历十月间。南诏王寻阁劝在宴请唐使臣的赠诗中，面对时序更替，感慨地吟道："不觉岁云暮，感激星回节。"《礼记·月令》载："季冬之月，星回于天。"《汉书·天文志》云："星回岁终，阴阳已交，劳农享腊以送故。"寻阁劝宴请唐使臣之时，正值星回节十月历之岁末，作者正是借用了汉文献中的"星回"一词来说明天象的变化。说明直到唐朝期间，彝族过年仍选择在十月间。

忽必烈灭掉大理国后，建立了大一统元朝。元朝在总结秦汉至唐宋时期的"羁縻"政策的基础上，随着封建王朝对中央集权的强化和边境少数民族统治的深入，制定了土司制度。土司制度始于元朝，完备于明清时期。这一封建王朝的政策，主要是针对边陲地区的少数民族，朝廷为了巩固对全国的统治，加强对边疆少数民族的治理，解决少数民族的归顺问题，采取了有别于内地的特殊的政治制度。彝族地区实行的所谓土司制度，即是中央王朝从彝族血缘家支中擢拔出来的世袭代理人。光绪年间《叙州府志》卷13《土官志》云："拔其豪隽，驭彼群蛮。"《明史·土司传》中指出，中央王朝在少数民族地区设置土司是"额以赋役，听我驱调"，"其土官衔号，曰宣慰司、曰宣抚司、曰招讨使、曰安抚司、曰长官司。以劳绩之多寡，分尊卑之等差，而州、府、县之名，亦往往有之。袭替必奉朝命，虽在万里外，皆赴阙受职"。凉山彝族地区大大小小的彝族土司，都是中央王朝从彝族各血缘家支豪隽中挑选出来的。如阿卓土司是从古侯血缘支系中挑选出来的；阿都土司、沙玛土司、邛部宣抚司是从曲涅血缘支系中挑选出来的。

土司世守其土，统治其民。管理所辖区域的政治、军事、经济、文化及民族事务。土司的任免权属于朝廷。这种制度历经元、明、清，在相当长的一段时期内，只囿于政治上的改革，而对少数民族精神文化诸如风俗习惯方面未作深究，在这种政策背景下彝族地区岁时节日包括彝族年基本照旧。

土司制度在一段时期内，对民族地区的稳定、经济文化的发展、内地与边疆民族的交往以及朝廷政权的巩固，产生过积极的作用。

随着新旧朝代的更替，新产生的封建王朝在总结过往朝廷的政策中，逐渐发现土司制度已不适应其统治的发展。土官与封建王朝之间的矛盾逐渐增大。有的土司对内残酷统治属民，对朝廷叛服无常，骚扰与之接壤的汉民，土司之间也为各自利益时常发生战争。很多土司实际上已脱离了朝廷的管控，威胁统治者的权威。至雍正年间，终于导致大规模的"改土归流"。

为解决日久相沿的土司制度割据的弊端，雍正四年（1726），云贵总督鄂尔泰数次上疏，申述"改土归流"的必要，奏请清世宗立即推行，清世宗准奏。这次"改土归流"不仅在政治上将土司制度改为流官制，而且对彝区精神文化方面也进行强力改革，提倡教化为先，注重汉文化教育，并强行规定凡土司子弟必须送入各级儒学学习，不学习者，不准承袭土司职务。雍正朝廷要求改流之地的夷民，遵从国制，推行"以汉化夷，以夷制夷"的政策。鄂尔泰说："改流之土民宜从国制。""抚夷之法，以汉化夷，以夷制夷。"受清朝廷派遣进入夷（彝）区的一些流官，明令"衣冠俱尊令式""大破因循苟且之习，力存委曲开导之意，大力推行汉地封建礼仪，对夷民潜移默化，时日一久，民风自然与内地无异"。雍正王朝欲从文化领域来推进云贵夷（彝）区社会与内地紧密联系在一起，使内地社会的政治、经济、文化模式强有力地渗透到云贵夷（彝）人土司辖地。

此次"改土归流"过程中，最初实行的是"计擒为上，兵剿为下"，但在执行过程中由于受到土司的阻挠，鄂尔泰在对乌蒙、镇雄进行"改土归流"时，认为乌蒙夷（彝）人土司"必须征剿，断难诱擒"，镇雄土府接连乌蒙，"其凶暴横肆与乌蒙土府无异，若不'改土归流'，三省交界均受其扰"。至雍正四年（1726）九月，朝廷决定对乌蒙、镇雄等土府采取以武力"兵剿"进行"改土归流"。武力改流的地区，许多村寨被毁，无辜百姓被杀。

雍正朝廷对云贵夷（彝）区伴以武力的"改土归流"，是一次重大的社会变革，是明清以来诸多改土归流中规模最大，影响力最深的一次改流活动，成为清代土司制度发生根本性变化的转折点，云贵地区土司制度自此终结。持续不断的改土归流，不单是政治上的改革，而且对于与土司制度相适应的社会经济基础，以及社会生活的其他方面，包括当地夷（彝）民的习俗也相应进行了广泛的改革。经过改土归流，最终封建地主经济取得了统治地位，儒家文化所倡导的生活方式逐渐取代了彝族传统的生活方式。自清末始，夷（彝）人"享文诗书，崇尚儒家文明，夷（彝）民登仕途及留学省外、国外者甚多"。终使云、贵夷（彝）民被汉文化同化，放弃传统的"彝族年"，而与内地汉族一样改过春节。

雍正年间所采取的"改土归流"，在云贵夷（彝）区可谓彻底。但在四川夷（彝）区却又是另外一番景象。四川彝区的主要居住空间范围历史上称为大、小凉山。大、小凉山作为地域概念，是指青藏高原东缘的横断山脉北段向四川盆地和云贵高原之间的过渡地带，又是我国著名横断山脉大雪山歧分南来的部分支系，是云贵高原与青藏高原之间的过渡地带。其东、西、南三面被金沙江所环绕，与云南隔江相望；北面以大渡河为界，与内地汉族地区分割，形成封闭的地理单元。境内河川密布，群峰耸峙，峡谷壁立，使整个地貌崎岖破碎，处处峭绝深阻。明清时期，与境外的交通联系只有马路，境内多为羊肠小道，社会环境非常闭塞。曾被外国学者称为"独立倮倮"区域。清末，清廷因凉山"夷患"严重，采取"武力征服""治平道路""移民实边""改土归流"等政策，但这些政策，只对处于南丝绸之路的安宁河流域有所触动。而对身处地势险峻、交通极为不便的凉山夷（彝）人腹地社会仍非流官势力所能及，夷（彝）人倚仗崇山峻岭，深箐密林，草木皆兵，与明清朝廷施行的"改土归流"相对抗，仍顽固地保守沿袭着自己的传统文化。

清末，朝廷内忧外患，国势衰弱，朝廷也只能望山兴叹，无可奈何，只好保留土司制度，对其进行遥控。至清末，凉山仍存在有雷波"阿卓土司"、金阳的"沙玛土司"、布拖和普格一带的"阿都土司"、甘洛和越西的"岭土司"、昭觉的"阿说土目"、米易的"吉土司"、会理的"禄土司"等。正因为如此，当云贵夷（彝）区"改土归流"正酣时，云贵夷（彝）区有少部分夷（彝）人土司甚至将凉山当作避难处，先后带领所属百姓过江（金沙江）逃往凉山躲避。凉山腹地的夷（彝）人社会，政治、经济、文化丝毫未受"改土归流"的影响。不仅如此，朝廷派任在凉山夷（彝）区的政治代理者土司，受到以诺为首的夷（彝）民的不断反抗和打击，使得土司制度摇摇欲坠，很多凉山夷（彝）人血缘家支实际上已摆脱了土司的统治，凉山夷（彝）人社会控制，基本上依靠的是血缘等级家支制度。大大小小的不同血缘家支以山水为界，各自为政，形成割据，顽固地保守血缘等级家支制度，生产方式及精神文化方面包括"彝族年"依然照旧，夷（彝）人传统文化仍在延续。这种状况一直延续至民国时期。

著名学者马长寿先生于 1937 年和 1939 年，两次深入凉山彝族腹地做社会调查，他在其著作《凉山罗彝·年节》中叙述道：

罗彝于寒日之初，农事既暇，粮盈于仓橐，牛羊茁硕被四野，此所谓"昼作夜戏，夜作昼戏"之时期也，罗彝结婚在此期，祭祢在此期，年节亦在此期。

罗彝年节无定月，亦无定日，然有定季，即农牧闲暇之寒季中也。罗历定汉阴历八月为龙月，九月为蛇月，十月为马月，十一月为羊月。由龙月之杪至羊月之初，为罗彝年节选择之期。

分别言之，四块坝、溜牷之罗彝与兹波阿禄家在龙月杪过年。竹核与昭觉之阿禄马家在蛇月过年。昭觉以北之阿什家、八千家、一部分马家及越西之新基家在马月过年。兰坝李呃家，普雄之坡何家在羊月过年。龙头山下之阿禄家亦多在马月过年。此年节无定月也。

年节无定日者，各地罗彝於年节例月之中，请毕摩择日，择年日法，于天星六豹日中，除虎外，择一日，与日母中之白虎腰，及轮回中之那阿玷相遇者，则可定为年节之日。例如八千家择定马月之十九日为豹头天星，且为白虎腰日母，又为那阿玷之无忌轮回日，即决定此日为年节之日。大约罗彝年节，在蛇月及马月中为多。且在蛇、马月之后半月，而不在前半月。盖以天星豹日多在下弦中，而白虎腰又固定在月之十九日与二十七日，故罗彝年节多在蛇月或马月之十九日及二十七日也。

　　过年节多以三日为度。第一日及年节之日。清晨，架柴门前燃烧之。罗童立门前高呼："我祖我宗，尔骑马来，路遥立至。尔引犬来，我有骨头，可以啖之。"家长执酒立火前，先仰天而祝："雀鸟清泰而架巢，人类清泰而过年。此酒非尝酒，非犒酒，乃年酒也。敬莫白（青）天父，敬莫黑地母。献酒与神，献茶与神。求清泰，求多福，求家安，求上进。"每祝一辞，右手执艾点酒洒向上空一次，辞毕，酒止。归屋，於祢前亦莫酒如上式。有父母者亦敬酒。并烧红石於祢之下方，以水浸之，气熏达于祢身，此即所谓"硕"（彝语称为尔擦苏）也。祭天地神祢既毕，然后进早餐，多食酒，米糕，川人所谓"糍粑"是也。家中畜牛者，又以米糕二丸置于牛角上，并以盐水饮之。俗传，牛角若不置米糕，牛临溪自照，必感而号泣，以为终岁勤劳而无犒也。午时，椎猪羊为食。食前以猪头及肝敬祢。夜亦酒宴。翌日，晨时裁肉为长方，煮熟，置竹器或木器中，拌以盐、辣椒、花椒等，置大门外，器旁置一刀，罗彝随宰为块而食之。食后，携酒至田野间，或赛马为戏，欢乐竟日。第三日，携酒至姻亲处贺节。主人出酒肉享之。

　　这是民国年间马长寿先生对凉山彝族腹地彝族年的真实记录。如今的农村彝区彝族年与之比较，变化不大。

　　1949 年中华人民共和国成立。1950 年 3 月，西昌解放。1952 年 10 月，在昭觉召开了具有历史意义的凉山各族各界人民代表会议，并于 10 月 7 日，宣告建立凉山彝族自治区。1955 年 4 月，凉山彝族自治区改名为凉山彝族自治州。1956 年，在中国共产党的领导下，对凉山彝区实行"民主改革"。1957 年年底"民主改革"宣告结束。"民主改革"对于凉山彝区来说，是一次最广泛、最深入的社会变革。通过民主改革，彻底推翻了中华人民共和国成立之前，凉山彝区社会的血缘等级家支制度，使受尽苦难的彝族人民获得了新生。1958 年，凉山彝族地区"民主改革"全面结束，凉山彝族社会进入了全国一体化的经济改革和政治重建时期，走上了"农业合作化"道路。"农业合作化"把分散的个体或以血缘关系为基础的分属于不同血缘家支系统的家庭，组织在超血缘家支共同体的集体组织之中，把分散的血缘家支成员个体家庭经济改造为集体经济，实行土地、家禽、家畜、农业工具、经济林木等收归社有，进行统一经营，统一管理，个人收入按评工记分，由集体实行"社会主义按劳分配"制度。不久，党中央提出"鼓足干劲，力争上游，多快好省地建设社会主义"的总路线。于是，"大跃进""人民公社化运动"在全国兴起，凉山彝族自治州当然毫无例外地跟上了全国的形势，相继在全州迅速建立了人民公社。人民公社实行公社、大队、小队（生产队）三级所有，队为基础的人民公社体制。生产队在生产队长的统一指挥和安排下进行集体生产、分配和消费。实行所谓的"多劳多得，少劳少得，不劳不得"的"按劳分配"制度。生产队作为彝区社会最基层的一级行政组织，掌握和支配着政治、经济、信息、生产和物质资源。其行政指挥的高度控制，大大地改变了凉山彝人的生产方式和生活方式。凉山彝人的岁时节日包括"彝族年"，无论从形式到内容，因上述原因而发生了根本性的变迁。因为"彝族年"不再以个体农户为单位，而是以集体为单位，所以"彝族年"的程序及内容均发生了变迁。彝人以户为单位的彝族年的很多过年程式及彝族年内容已不复存在。由于家禽、家畜收归集体所有，彝族人家自然无年猪可杀，过年时，以生产队为单位，由集体宰杀过年猪，而后按人户人口数分配猪肉。过年三日，生产队视生产任务状况，决定统一假日。20 世纪 70 年代，"文化大革命"时期，在"破四旧，立四新"的思想指导下，传统彝族年的程式和内容因多属破除之列而不复存在。每每过彝族年时，彝人暗地里相互嘀咕道："彝族年无非是打一次牙祭。"这段时期，彝族年从表面上看，传统彝族年的很多程式和内容，似乎在高压政策下被破除掉了，而实际上彝人的内心深处仍对传统彝族年念念不忘，只不过将其深深潜伏于内心而已。

党的十一届三中全会后，凉山彝族农村实行了家庭联产承包责任制，集政治、经济于一体，劳动集体化，社会生活高度集中化的人民公社体制迅速解体。凉山彝族个体家庭又拥有了从集体承包过来的土地，并占有了家禽、家畜，集体的经济活动改变为个体家庭的经济活动。家庭的生产功能得到了强化，在生产生活以及闲暇时间的安排上，彝族社会成员不再受制于生产队，而基本上由自己做主，生产队再不好过多地干预人们的日常生活，个体的自由度大大增强。与此同时，党的尊重少数民族的风俗习惯的政策又重新得到贯彻和执行。在这样的背景下，传统的彝族年的程式和内容迅速得以恢复。在乡村，被压抑多年的传统彝族年的程式和内容均重新焕发生机。进入 21 世纪以来，彝族年呈现出多元化。在城市工作的彝族，如父母健在但居住于农村，即使千里迢迢，也不怕劳顿之苦，千方百计，携儿带女回家与父母团聚过新年。居于城市或因在城市打工的彝族家庭，一般遵循法定的彝族年，即每年的 11 月 20 日过年。但彝族年的程式及内容已大大简化，居住在城市里的彝族家庭因不能养猪，一般买上一头猪或羊杀之，并在室内选一祭祀祖先的地方，献上酒肉，迎送祖灵，祈求祖灵，保佑全家吉祥如意。届时邀请亲朋好友一起喝酒吃肉，畅叙友情，回忆故乡往日过年的情景。也有的城市彝族家庭在彝族年法定假日外出旅游，已将传统"彝族年"的程式和内容抛之于九霄云外。而农村彝区似乎对法定的"彝族年"并不在意，仍按照他们日久成习的传统"彝族年"过年。

近年来，凉山彝族自治州旅游业突飞猛进，独特的彝族文化成为旅游业不可或缺的重要资源，传统的"彝族年"以丰富而健康的内容，娇媚地与旅游业联姻，让游客大饱眼福，达到了意想不到的效果。

第四节　彝族年的基本特征

一　民族性

民族风俗习惯是一定社会物质生活条件下的产物，是在长期历史进程中形成的，具有显著的民族性、社会性与相对稳定性。它比较全面、集中地反映了一个民族在一定历史环境中的物质、文化生活，是民族心理素质的主要表现形式之一。民族节日较其他民族活动来说，更集中、更多样和更突出地表现了民族文化特点。不仅有高层次的科学、哲学、技术、道德、宗教信仰、经济、政治组织等，而且有衣、食、住、行和民间娱乐、社交等基本文化事项。在我国，没有一个民族没有自己独具特色的节日；也没有一个民族节日不具有民族文化特点。就五十六个民族分别而言，节日文化都具有光彩照人的民族性。"彝族年"作为彝族重要的民俗事项之一，其形式和内容都与汉族的"春节"，藏族的"洛萨节"，傣族的"开门节"，以及其他民族的年节有着明显的区别，保持有自己鲜明的民族特色。我国是一个多民族的国家，正是由五十六个民族各具特色的民族文化，包括"彝族年"，构成了丰富多彩、多元一体的中华民族文化。

二　祭祀性

祭祀祖先是彝族年中一项重要的活动，它来源于彝族的祖先崇拜。

据彝文典籍记载，人类开始形成后的一个漫长的时期，彝族没有祖先崇拜。冯元蔚搜集整理四川民族出版社出版的《勒俄特衣·居子猴系谱》云："居子石涉分八支，石涉不设灵，石涉不待客，石涉不娶妻，石涉不嫁女……居子格俄分九支，格俄不作毕，人尸格俄不处理……"这时的彝族先民还处于不知嫁娶，不晓礼仪的杂乱无章的母系时代。但到了母系氏族社会向父系氏族社会过渡的时期,《勒俄特衣·石尔俄特时代》又云:"远古的时候,武哲施纳一代生子不见父,施纳子哈两代生子不见父,子哈第三代生子不见父……石尔俄特八代生子不见父。石尔俄特决心买父亲,他带九个随从,拿了九束银匙子、九束金匙子,经草原、杉林、岩下,跨过江河,风餐露宿,历尽艰辛万苦,来到约木接列,遇见兹阿迪都家的女儿施色,施色婉留石尔俄特住宿于她家,然而石尔俄特却辞谢道:'为要买父亲,为要找父亲,不敢留宿了。'施色委婉地对他说:'北方的表歌,下面大地上,三只不放的猎狗,不鸣的红脸鸡,三节不烧的木柴,三匹不织的花边,三两不弹的羊毛,三斤不吃的盐巴,这些是什么?……倘若你能回答出,我就能告诉你怎样才能买得到父亲。'石尔俄特无法回答,急得流下了泪水,只好返回讲给妹妹俄洛听,妹妹听罢,告诉石尔俄特:'三只不放的猎狗,是指林中的狐狸;不鸣的红脸鸡,是指蕨草下的野雉鸡;三节不烧的柴禾,是指家中的祖灵;三匹不织的花边,是指天空的彩虹;三两不弹的羊毛,是指山间的云雾;三斤不吃的盐巴,是指深谷的冰块。'石尔俄特复返施色处讲给施色听。施色听其回答圆满,接着又问道:'祖灵送何处?'施尔俄特回答说:'若要送河里,河中有水鬼,不宜放祖灵;若要送山顶,山顶有狂风,不宜放祖灵。'施色告诉他:'祖灵插在墙壁上,诵经以后供在神位上,超度以后送到岩洞里。除了照此办,回到地方上,娶妻配成偶,只有这样做,生子方能见父。'由此可见,彝族祖先崇拜产生于母系氏族向父系氏族过渡的时期,产生于群婚制过渡到对偶婚的时代。同时也说明彝族祖先崇拜悠久的历史。

彝族祖先崇拜者认为,一个人死后有三个灵魂:一魂经毕摩超度指路魂归祖界,彝人称之为"石姆姆哈";一魂留守火葬地;一魂四处游荡,经安灵超度后依附于灵牌上。对于死亡者的灵魂,尤其是四处游荡的灵魂,根据其生前的善、恶、死期、死因等会变成善灵和鬼魂。彝人认为,年龄较高,生前善良,对人们做过较多好事、受到人们的尊敬且属正常死亡的祖先,这类人的灵魂在彝人的心目中多为善灵,有的甚至会升格为神灵,成为彝人血缘家支、家庭或村寨的守护神。若对其进行超度、祭祀、取悦,便能使其庇护后人吉祥如意、幸福安康。无人祭祀和无人超度或无嗣的灵魂，以及非正常死亡者的灵魂，多会变为厉鬼、冤鬼、孤魂野鬼，它们不能进入祖先的故地，不能与祖灵居住在一起，常游荡于山林河泽、村寨故居，作祟于人，给人带来贫困、疾病、凶杀、自杀、冤家械斗等种种灾难。只有采取相应的禳解、驱鬼、禁忌等仪式，才能逢凶化吉、祛祸纳福。因此，活着的人要不厌其烦地祭祀取悦祖先。

祭祀分为平日祭祀、年节祭祀、超度祭祀。彝族年的祭祀属年节祭祀。彝族年祭祀的核心内容为迎祖、祭祖、送祖，其祭祀性仪式特征相当突出。

三　文化娱乐性

彝族年间的游艺竞技民俗十分丰富，不论是喝串门酒、玩磨尔秋、摔跤、赛马、唱年歌、偷元根等民俗，抑或阿依社惹（小孩聚肉）、敬树神、玩猪脚、讨要小粑、赛猪膘肉等活动，都具有显著的文化娱乐性。

四　文化综合性

"彝族年"是彝族文化的重要载体，甚至可称为反映彝族文化的博览会。它包容了彝族的宗教文化、历史文化、服饰文化、饮食文化、歌舞礼乐、游艺竞技、人伦规范等诸多丰富的民俗事项，几乎包括了彝族文化的各个方面。它不仅是彝族精神文化的集中反映，同时也是彝族物质文化的集中反映。因为"彝族年"中，彝族人民要举行祭奠祖先、洒扫庭除、守岁迎新、吃年饭、访亲友、文艺娱乐、赶集购物等节日活动。期间彝族人民要吃好的，穿新的，要玩得痛快。故有彝谚云"彝族年间，不会有吃多喝多的说法"。也就是说，"彝族年"使彝族人民得到了物质上、精神上的满足。前文提过，近年来，随着旅游业的兴起，"彝族年"与旅游业联姻，还具有了旅游、招商引资的功能，其综合性特征已然明显。

五　地域差异性

凉山彝族自治州西跨横断山脉，东抵四川盆地，北负大渡河，南临金沙江。全境高山耸立，江河纵横，峡谷纵深，山川相间，气候多样，造成了经济文化发展的差异及多样化。凉山属立体气候，十里不同天，高寒山区农历十月之后庄稼早已收割完毕，气候已寒冷，腌制猪肉储存不再发臭。而海拔较低的温带及河谷地带腌制猪肉还免不了发臭。因此，彝族年没有统一的月份和日子，只有统一的季节，一般选择在冬至前夕。冬至前夕，正是粮食入屋完毕之时，彝人为了辞旧迎新，庆贺丰收，祭祀祖先，祈祷来年人丁兴旺，平安吉祥，五谷丰登，于是在这一时间段选择吉日过年。彝人认为，十二生肖吉日中属鸡、属猪、属牛等日子为不吉利，不宜择定为过年日期，而把属鼠日、属狗日、属虎日或属马日、属羊日、属猴日作为过年三天的吉利之日，可择定为过年日。现今凉山彝族自治州法定彝年为公历 11 月 20 日，但各地乡村过年日仍不统一。

加之在中华人民共和国成立之前，凉山彝族社会在政治上实行的是血缘家支制度。各血缘家支之间处于社会平面，相互不能统属，导致政令不统一。这些因素反映在凉山"彝族年"过年时间的安排上，虽然整体彝族存在有"彝族年"，它以超区域的形式存在于广大彝族地区，但在微观上却因选择年节具体时间的不同，彝族年又呈现出"十里不同风，百里不同俗"的地域差异性。直到今天，凉山彝族自治州法定的彝族年虽为 11 月 20 日，但这不过是城镇机关企事业单位在遵循而已，然而在彝族农村，仍不统一。比如甘洛县彝族农村多在公历 11 月初过年；西昌市、盐源县、德昌县、会理县、米易县彝族农村多在 12 月间过年；昭觉县彝族农村多在 11 月间过年；美姑县彝族农村多在 11 月中旬过年等。

六　活态性

彝族年，从古至今，虽经历史长河的大浪淘沙，几经变迁，却仍鲜活地存在于四川凉山彝族自治州 17 个县市的彝族民间，以及凉山彝族自治州周边的米易、盐边、九龙、泸定、汉源、石棉、峨边、马边、金口河、屏山彝族民间，还有云南操北部方言的彝族民间。

第五节　彝族年的基本价值

一　传承、积淀、弘扬彝族文化

彝族过新年相沿至今，已成为彝人庆贺丰收、祭祀祖先、游艺竞技、餐饮娱乐、服饰制度等诸多民俗事项为一体的祭祀和庆贺性民俗节日，是彝人一年中最喜气、最令人向往的节日，在彝人的生活中有广泛的影响。

"彝族年"是彝族从古至今节日文化的积淀和活态见证，其文化层面表达出的五谷丰登、六畜兴旺、人丁平安、敬老爱幼、欢乐祥和的思想理念，对于建设和谐社会具有重要的意义。尤其是"彝族年"中所彰显的祖先崇拜，活着的彝人在其长期潜移默化的熏陶下，形成了一整套比较完整的以尊老孝亲为核心的道德伦理体系。彝族祖先崇拜以《玛牧》和"尔比尔吉"为载体，将其深深地融入彝人生活的方方面面。由此及彼，后人因此而觉悟到孝敬父母的必要性，小至家庭，大至社会均须尊敬长辈。不仅如此，彝族祖先崇拜的观念延伸到人与自然界的相处关系上便是："苍天为父，大地为母；高山为父，平坝为母。"毕摩文献《毕补毕茨·颂毕经》中说："颂阿来颂毕，苍天当父颂，天父佑万物，赞颂浩瀚无垠的上苍；大地当母颂，地母生万物，赞颂生机无限的大地。"彝人认为，只要人们如尊敬父母、先祖般对苍天和大地敬爱并进行祭祀，苍天和大地就会庇佑人类居住的环境生机盎然，郁郁葱葱，风调雨顺，给人类带来福祉。彝人将此称之为"尔尼色嘿"（充满灵气）。反之，若对苍天不敬，比如在高山上向天空鸣枪，滥采乱挖，便会天降暴雨、下冰雹惩罚人类；如对大地不恭，滥砍滥伐森林，随意伤害地母的服饰，植被因此而不复存在，便会发生泥石流，降灾祸于人间。彝人将其称之为"尔德博"（灵气离去），居住在此地方的人就只有考虑迁徙了。由祖先崇拜引申出来的这种善待自然界的传统习惯已升华为一种生灵与生灵之间互动的道德观念。

"彝族年"荟萃了彝族宗教、彝族歌舞、彝族民间文学、彝族民间工艺、彝族艺术、彝族饮食、彝族体育竞技等多方面的精华,置身其中,耳濡目染,深受熏陶,自然有传承和教化作用。社会环境对人的塑造,类似于"蓬生于麻,不扶自直"。这种教育植根于人们的意识之中,流露于言谈举止,成为精神与气质,成为彝族文化在个体成员身上的表现。这种东西不是在学校或通过师傅传授学会的,而是在年复一年的年节聚会和反反复复的喜庆欢宴中逐渐学会的。

二　彝族年是彝族民俗事项的载体

彝族年的诸多丰富的民俗事项,反映了彝族历史文化、经济生活、人伦规范、风俗礼制、服装民俗、审美情趣、禁忌事宜等诸多文化内容,生动地记录了彝族先民对大自然的运动规律、自身精神世界、历史文化等的认识和把握,融入了不同历史时期的社会、伦理、政治、经济、科技和文化发展认知,是民俗文化的综合体现。透过这些朴实生动、自古相承的生活场景和人文信息,可探究彝族经济社会发展和文化历史变迁的轨迹,对于我们研究宗教学、人类学、民俗学、社会学、歌舞礼乐、服饰制度、饮食民俗等具有重要的价值。

三　增强民族凝聚力

彝族年为彝族人民群众性的节日,具有互访欢聚的特点。从地域来讲,起码是以村寨为单位进行节日活动;从社会层面来讲,不论职业、地位、年龄、性别,只要同族、同村寨、同社区,几乎都参加节日活动。共同性本身就有一种亲和力。除了由彝族年衍生的世俗文化而产生的凝聚力之外,在"彝族年"间,共同祭祀祖先所产生的认同心理,也是显而易见的。共同的信仰,共同的节日文化,节日期间的相互祝福,共同欢乐,不言而喻,增进了人们之间的友谊。正因为"彝族年"的存在，远在他乡工作的彝胞，节日将至时，也会千里迢迢，不顾旅途劳顿之苦，来到家乡父母处团聚过年。因此，将"彝族年"称作增强民族自豪感与认同感，提高民族凝聚力、自信力的载体一点儿也不为过。

"彝族年"保存了从古至今诸多彝族的民俗精华，是我们"存良俗，去陋习"、保持文化多样性的重要供鉴，对发展民族文化事业具有重要意义。

第六节　彝族年的传播及影响

文化具有传播功能和渗透能力。"彝族年"的传播从纵向来说，就是靠彝族先辈的世世代代传承，好似江河般奔流不息到今天。从横向传播来看，由于历代封建王朝对非主流文化采取同化的政策，加之在中华人民共和国未成立之前，凉山地形险峻，交通不便，信息闭塞，"彝族年"好似一个不允许外出交往的妙龄女郎，被困在操北部方言地区的彝族民间之中，根本不能与其他民族进行互动。中华人民共和国成立之后，"彝族年"虽然得到了确立，但在一段时期，传统彝族文化受到"极左"路线的压制，其传播功能得不到发挥。"彝族年"的新生，出现在"十一届三中全会"之后。由于党的民族政策重新得到了落实，党和政府尊重少数民族的风俗习惯，"彝族年"也随之得到了新生。根据人民的意愿，经凉山彝族自治州人民代表大会通过决定每年公历11月20日为法定"彝族年"。由此，但凡在城镇工作的彝胞或在大专院校就读的青年学生，皆在此时过年。"彝族年"从山间彝区走进了城镇，走进了校园。改革开放后，全国出现了农民进城"打工潮"。凉山彝族农民自然不甘落后，数以千计的彝族农民奔赴沿海一带打工，至每年11月20日法定"彝族年"，有的企业尊重彝族农民工的意愿，为其举办"彝族年"；有很多彝族农民工则相互联络，自行组织举行"彝族年"。"彝族年"也因此传播到了远离彝区的沿海一带。

　　"彝族年"从精神享受层面上，经很多学者辛勤耕耘，出现在诸多著作或报刊以及电视、互联网等媒体中。有很多"彝族年"内容，经艺术家的提炼升华，熠熠生辉地登上了艺术殿堂。不仅如此，2011 年 5 月 23 日，"彝族年"经国务院批准，列入第三批国家级非物质文化遗产，自此，"彝族年"社会地位又再次得到了提升。

第二章　彝族银饰制作技艺

在彝语中，把银子称作"曲"，"曲"这个音和"白色"同音；在彝语里，把金子称作"诗"，很巧，"诗"这个音在彝语里也和"黄色"同音。所以在彝语中，"曲"和"诗"这两个单音节的发音，就包含了"白银"和"黄金"这两个金属的属性以及颜色表征的丰富含义。

在古代，人类就对金属"银"有了认识。如中国古代就把金与银并列，《尚书·禹贡》一书"孔传"便记载："唯金三品"，"金、银、铜也"。即距今四千多年前，中国古代中原地区便发现了金、银、铜金属。同样，还在远古时期，彝族先民就把"金、银、铜、铁"四种神奇的矿石相提并论。在彝文古籍《勒俄特依·开天辟地》篇中就记载："天帝恩体古兹啊，起身观七重地界，'开天辟地业未完，还有四个铜石铁石，伫立于七重地界。'天帝恩体古兹家，遣出不可遣之使，遣良驹与骏马，往那七重地界去，用蹄刨铜石铁石，刨出铜石铁石否？刨了刨不动；又差公牛与犍牛，用角撬铜石铁石，撬出铜石铁石否？撬了撬不动；再派一对红羊黄羊，用头抵铜石铁石，抵出铜石铁石否？抵了抵不动；后令两头黄猪黑猪，用嘴拱铜石铁石；拱出铜石铁石否？拱了拱不动。神仙底尼啊，请出格莫阿尔巨匠，用这四个铜石铁石，锻造九把铜帚铁帚，送给九位神女仙姑，用它扫天地，天往霄汉之上扫，天成蔚蓝色，地往尘寰之下扫，地变红土壤。"① 开天辟地属于洪荒之初，十分久远，难以纪年，但《勒俄特依·开

---

① 见冯元蔚整理彝文版《勒俄特依·石尔俄特时代》，四川民族出版社 1981 年版，第 10—12 页。

天辟地》篇的记载，说明彝族先民在远古时代就发现了"铜石铁石"等金属。

金与银这两种金属因它们沉甸甸的重量，柔软的手感，悦目的光泽，不会生锈、不易氧化的特性，以及自身的稀有和贵重程度，自古以来就被人类应用，拥有白银和黄金就如拥有土地和牛羊，是拥有财富的象征。而在古代，获取白银和黄金的机会几乎是相等的，甚至白银更为困难。所以，白银这种金属虽然在地壳中的蕴藏大约是黄金的15倍，但它很少以单质状态存在，因而古代人们对它的发现要比黄金晚。由于人们能取得的白银比较少，使得白银在相当长的一段时期，其价值比黄金还高。有资料证明，在公元前1780年至1580年，古埃及王朝法典规定，银的价值为金的2倍。到了17世纪的日本，黄金和白银的价值还是相等的。

自古以来，彝族先民居住的地区物华天宝，资源富集，如越巂郡：邛都县（今四川省西昌市）"南山出铜"（《汉书·地理志》颜师古注）；会无县（今四川省会理县）"东山出碧"，又"河中有铜胎"（《华阳国志·蜀志》）；律高（今云南省弥勒县）"西石空山出锡，东南畎町山出银、铅"（《汉书·地理志》颜师古注）；贲古（今云南省建水县）"北采山出锡，西羊山出银、铅，南乌山出锡"（《汉书·地理志》颜师古注）；双柏（今云南省双柏县）"出银"（《后汉书·郡国志》刘昭注）。历史上彝族地区就出产金、银、铜、铁、锡等各种金属，到了近代、现代，茶马互市、鸦片买卖、枪支买卖等各种正常的或畸形的商贸往来，大量的枪支弹药进入彝区，同时在彝区也流通积聚了大量的白银，使彝区民间白银的拥有量也达到历史最高水平。白银的大量拥有也给彝族地区带来白银消费、白银加工制作业发展的机会。

第一节　银饰制作技艺概述

白银很早就被用来制成各种各样的装饰品及器物。据考古资料显示，我国最早的银制品可追溯至战国时代。

白银作为装饰，特别是作为人体装饰——银饰，在中国各民族中普遍存在。居住在四川西南部的凉山彝族更是对银制品"情有独钟"。彝族不仅从古到今有佩戴银饰品的传统，还在日常生产、生活中使用白银制品。

一 银饰制作技艺的历史渊源

彝族人不仅把白银视为富贵的象征，彝族民间就有储蓄银锭、银元，收藏白银制品的习惯，还喜欢把白银制成各种马具、刀具、餐具、酒具各种器物，也用白银打制各种首饰、服饰配饰，镶嵌装饰各种珍贵器物。

和一些民族相比，彝族是铸造、加工，使用银质饰品、银质器具最早的民族之一。彝族发现和冶炼银子，铸造加工银子的历史非常久远。《彝族创世志·艺文志》"金铃"一段中说："岱吐博山上，实祖尼史死；在岱吐俄举，为他做大斋。""天地二长子，开北方银门，拾来银碎片。""巧匠告阿娄，工艺多高超，别的都不做，只做个金铃。银片打内珠，金片打外壳，铜片打铃柄。男儿举着它，站在歌场头。"[1]"金铃"是贵州彝文古籍《彝族创世志·艺文志》里"凯米书"中的一段，"凯米书"是彝族在丧祭场中的歌词，说的大致是彝族社会笃慕至实勺时代的背景。实勺时代是彝族母系氏族社会时期，是母权制兴盛的时代，也是"尼能"母权制社会的延续和发展。而四川彝文古籍《勒俄特依·石尔俄特》篇中的记载："石尔俄特啊，要去买父亲，要去找父亲，领着九个仆人，带上九束银勺，带上九束金勺，驮了九驮银沙，驮了九驮金沙，狐狸赶银驮，兔子赶金驮。"[2] 在继发现了铜矿、铁矿，锻造出铜帚、铁帚之后，石尔俄特时代，也就是在彝族母系氏族社会末期、父系氏族社会初期，已经发现金矿、银矿两种金属，开采出金沙、银沙，并用白银打造银勺，用黄金打造金勺作为贵

---

① 贵州省赫章县民族事务委员会、贵州民族学院彝文文献研究室整理翻译：《彝族创世志·艺文志》"金铃"，四川民族出版社1991年版，第287—289页。

② 冯元蔚整理：《勒俄特依·石尔俄特时代》（彝文版），四川民族出版社1981年版，第55—56页。

重财物使用。在口耳相传的凉山彝族民间口头叙述艺术《克哲》① 中，对彝族社会分工起源及其各类工匠始祖是这样述说的："弹毛擀毡源自阿约阿先；髹漆绘彩源自阿火且且；锻银造金源自俄木阿霍；炼铜锻铁源自属格莫阿尔。"清光绪《越嶲厅全志·夷俗志》记载，彝族"佩长刀，生时即以铁三四十斤入火烧锤炼，一年数炼，炼至十五六岁时，铁只七八斤，造为长刀镶以金银把，锋芒甚利"。清光绪十九年（1893）的《雷波厅志》中对彝族银饰这样记载："贵妇首戴网罩，金银器满头，耳轮悬珊瑚玛瑙珠粒，累累然，以多为贵。"中国彝族画册编委会编的《中国彝族》一书认为："有着四千年历史的彝族，最早的四大民族手工艺是：漆器、银饰、纺织、擀毡。"② 这些彝汉文献资料的记述皆说明彝族人在银饰制作技艺方面连绵不断的传承和对本民族文化传统的记忆。

彝族谚语说："锻银造金俄木阿霍发明"，彝族银匠制作技艺的始祖是"俄木阿霍"。布拖一带民间流传这样的谚语："做银造金有里特颉涅，牧羊纺毛有哦洛达古，狐臭异味有阿陆吉克。"说明这种技艺在不同时代的继续传承。彝族历史上从事银饰制作技艺的名匠不乏其人，举不胜举。由于没有对民间能工巧匠树碑立传的传统，许多技艺精湛的银饰制作巨匠默默地消失在远去的历史之中，只有他们传承下来的技艺、保存下来的银饰文化精品流传民间，才使得人们睹物赞叹，铭记心中。

彝族银饰制作技艺薪火相传，代代延续。到了清末，凉山彝族地区开始种植鸦片。凉山社会调查综合报告称：美姑巴普种烟是在 1909 年，普雄瓦吉木乡则在 1911 年。③ 鸦片的大量种植与白银流入凉山彝区产生密切关系。从盐巴、布匹、铁等以物易物改成白银、枪支交易，这种交易牵涉到每一个家庭，尤其

---

① "克哲"是凉山彝族在婚丧嫁娶、年节聚会之际，姻亲主客双方进行的一种特定的口头文化交流方式。在克哲现场，这种竞赛性的交流，主客双方进行内容涉及天文、地理、历史、哲学、风俗、社会生活等各个方面知识、智慧的交锋。在说"克哲"中，双方力求显示比说者雄辩的口才，渊博的学识和巧于应变的智慧才能，多用夸张、排比、讽喻、比兴等修辞方法，语言美妙，比喻生动，想象丰富，艺术色彩浓厚。属于彝族文化特色之一。

② 中国彝族画册编委会：《中国彝族》，四川民族出版社 1999 年版。

③ 全国人民代表大会民族委员会四川省少数民族社会历史调查组：《四川省凉山彝族自治州社会调查综合报告（初稿）》，全国人民代表大会民族委员会四川省少数民族社会历史调查组 1958 年印行，第20 页。

给社会上层带来巨额收入。彝族人不信任纸币，生银锭成为易货首选。上层家庭每年一次可获得七八百两白银的收入。一般家庭也能获得 100 两以上，一般百姓也能获得 20 两左右的收入。流入凉山彝区的白银数量相当惊人，民间拥有白银的数量急剧增加。人们对白银制作的首饰物品的消费需求也日益增长，同时也满足了银饰制作匠人对白银材料的需求，促进了银饰制作技艺的发展。到民国时期，出现了大量制作精美的银饰和白银镶嵌装饰的贵重物品。

到了改革开放以后，特别是近几年来，人民生活水平提高，物质消费质量提升，更加注重衣着首饰等奢侈品，银饰制作技艺市场应运而生，银饰制作技艺从业人数急剧增加。当下的凉山，无论是依诺、圣乍、所地地区，还是乡村城镇都如雨后春笋般出现了许多银饰制作集中点和较为熟练的银饰制作匠人。

居住在布拖县乐安乡坡洛村的尔古沙日，其家族从事银饰制作技艺的历史，到尔古沙日这一代已有 14 代人，他们从"斯伊"这一代人开始，其从事银饰制作技艺的家谱为：斯伊→阿莫→里特→颉涅→节兹→乌叶→比则→博贵→拉子→萨都→俄舒→拉达→拉略→沙日，如果加上已经继承家族传统事业的儿子尔古扎者，孙子尔古策拉，他们家已经有 16 代人从事银饰制作这门技艺。尔古沙日目前已经有重孙，尔古沙日还打算把这门技艺传授给重孙尔古呷。

二　银饰制作技艺的分布区域

在历史发展过程中，分布于滇、川、黔、桂的彝族，在银饰制作的器具、器物、首饰、物饰表现范围和装饰制作风格体现上虽然略有差异，但仍然是大同小异。滇、川、黔、桂的彝族在银饰制作技艺上表现出了文化上的一脉相承。具体体现为文化传承上相似的工艺传承手段，相同的装饰制作风格，相同的审美鉴赏习惯，以及高度一致的喜好程度。如滇、川、黔、桂地区彝族都热爱以白银打造马具、餐具、酒具等物质生活用品和头冠、顶戴、额饰、发簪、耳环、领牌、领扣、胸挂、纽扣、手镯、戒指、脚铃等首饰奢侈用品，以及法扇、签筒、斗笠、兽牙等宗教生活法器。其审美意识表现出注重山水自然、动物植物具象符号和平安吉祥、富足美好等抽象符号与意境。风格鉴赏习惯上别具一格，追求简朴自然，简练有序的风格叙述。

　　银饰和银器作为一种生活中的高端奢侈品，以及制作成本、制作技艺的性质和特点，它们的区域分布都是稀缺而有序的。银饰制作技艺的存在和分布，其实也是银饰制作技艺工匠的分布，有些地区甚至是由是否存在某个银饰制作家族居住来决定的。所以，在过去，不是每个地区每个乡村都有银饰制作工匠的存在。

　　银饰制作技艺的掌握者在乡村一般都存在点状分布，多数村寨和一定范围的地区是没有银匠居住的。民间银饰制作技艺一般以家庭作坊形式存在，他们一般都有家族传承的传统。因为白银是贵重金属，而彝族地区在民主改革以前就有相当长的历史时期，历代王朝的货币在凉山难以通行，特别是国民政府的纸币，其在凉山就是一张废纸，凉山彝族地区通行的货币仍然是以白银为主，黄金为辅，和汉商及其他民族的交易因货币的不统一，多采取以物易物的交易方式。除了富豪统治者能奢侈用度，一般老百姓拿出白银制作器物、首饰或装饰物品还是比较谨慎。所以银饰制作匠人的工作量、市场交易范围并不是很大，贵重、稀缺的材质也让他们注重学习、交流制作技艺，提高制作技艺水平。因此当时民间的银饰制作工匠技艺都少而精，工匠分布呈广而疏的状态。

　　作为一种特殊的技艺，一种与经济密不可分的奢侈用品行业，彝族银饰制作技艺工匠的分布也常常受到社会经济甚至社会政治的影响。例如1956年，凉山实行民主改革，彝族地区政治制度、经济制度发生改变，包括货币制度的改变。过去，凉山彝族是一个个性张扬，追求尊严与荣耀的民族，他们在追求生活的品质与荣誉方面具有积极的态度。而民主改革以后，政府倡导勤俭节约、艰苦朴素的生活作风，批判奢靡腐朽的生活态度和价值观念。白银及银饰制品作为奢侈品被人们收进箱笼里面。从经济制度方面来说，凉山彝族地区过去的贸易是以物易物的方式，流通的货币主要是白银。民主改革后，银锭（包括银圆）被限制流通，取而代之的是新政府发行的人民币（纸币）。过去相对独立的经济和市场，使彝族人对过去政府的纸币缺乏信任，加之彝族人有储存银锭和首饰等银制品的传统，白银这种"硬通货"被限制流通甚至限制储存。民间储存的大量白银因不能流通而遭到贬值，在 1956 年至 1965 年的十年间，一锭"十两足银"拿到人民银行仅能兑换 3 元人民币。白银的贬值，白银货币流通功能的丧失影响到白银的综合性价值。但是由于对纸币缺乏信任，多数人不愿意将自己储存的银子拿到银行兑换成人民币，而当时的社会环境又不允许拿出白银打造银饰器物首饰，所以许多人把白银深藏在家里，甚至深埋在山里。"文化大革命"时期，彝族等少数民族文化被彻底视为"封资修"文化，白银和奢侈品的银饰更是在人们的生活中销声匿迹。政治制度、经济制度、货币的变化以及不间断的政治运动不仅对银饰的存在产生了影响，还对民间银饰制作的技艺也产生了影响，导致银饰的需求被限制，银饰制作技艺工匠大量消失。

改革开放以后，国家政策发生改变，解决了温饱问题的彝族地区物质生活水平得到改善，民间又恢复了对银饰等奢侈品的需求，工匠们也开始搬出尘封已久的银饰制作工具，银饰制作技艺又开始得到延续，银饰制作技艺、银饰制作商品交易再度复兴。

近年来，许多掌握银饰制作技艺的工匠纷纷走出自己的乡下土屋，走出村寨，走进县城和都市。他们在村寨、乡镇摆摊设点或开作坊设店铺，一边制作银饰一边出售，自产自销。银饰制作技艺在凉山全州彝族居住区又开始复苏，有些乡、村甚至还有相对集中的分布点。如越西县乐青地乡瓦曲村、越西县普雄镇、喜德县的米市区、昭觉的庆恒乡、金阳县的放马坪乡、布拖县的特木里镇、西溪河、拖觉镇等。越西县乐青地乡瓦曲村的银饰制作技艺就十分有名，瓦曲村全村 267 户，参与银饰制作和销售的户数达到了 139 户，占全村总户数的 52.06%。瓦曲村的银饰制作工艺还辐射到了邻近的尔普、渣普、地各、青地等村落。出现了海来国忠、曲木克底等银饰制作大户。布拖县的彝族十分喜爱佩戴银饰，拖觉、特木里、乐安等尤为突出，素有"彝族银饰之乡"的美誉，这里的银饰制作工匠不断出现，银饰制作技艺也不断提高，其中还涌现出了如勒古沙日那样的四川省非物质文化遗产彝族银饰手工制作传承人。

银饰制作技艺不仅在农村，还随工匠进入县城、州府，如在美姑县城的东西两头，就一家紧挨一家分布着许多银饰制作店铺，在州府西昌老城区的"城门洞"——仿古一条街，更是有不少来自各县银饰制作工匠开的作坊和店铺。在这里，各种彝族金银首饰琳琅满目，熠熠生辉，形成了一定的规模。在过去，银饰制作一般是以家庭作坊式的形式出现，作坊的规模也是工匠个人或父子个体出现，甚至不一定是整个家庭参与，这种相对集中分布的现象在过去凉山彝族地区是比较少见的，且银匠本人也并非全年脱产专门从事银饰制作，多是在秋后、冬闲的时候加工经营。现在许多银匠已完全脱离生产劳动，甚至脱离原居住地，搬迁到人口密集、集市发达的乡镇或县城设立作坊店铺，全身心投入到银饰制作和经营上面来。银饰制作技艺工匠的分布也从过去彝族居住区域点状均匀分布改变为相对集中的密集分布状态。

如银饰制作世家尔古（勒古）家族先辈中里特·颉涅一代四个儿子，后来分别居住在不同的地区，从事以金银打造为主的各种工匠事业。大儿子"颉涅·尔韦"一支后居住在昭觉的利木竹核（今昭觉县竹核乡），在那里，他们锻金造银的事业十分兴旺。二儿子"颉涅·阿乌·节波"一支居住在喜德诺果拉达，从事锻金造银的事业。三儿子"颉涅·吉兹"一支分别居住于布拖、喜德、盐源、普格、昭觉的甘洛瓦罗、美姑县的柳洪达洛（今美姑柳洪）、飞史阿莫，其后代大多数从事银饰制作技艺，勒古沙日就是里特·颉涅的小儿子"颉涅·吉兹"一支的后裔。如勒古沙日的堂曾祖父，居住于布拖拖觉的勒古国史，其在拖觉一带也是很有名的银匠。小儿子"颉涅·吉库"一支居住在喜德，其后代在喜德一带从事银饰制作这门技艺。

当然，除了如尔古"里特·颉涅"这样的银饰制作世家以外，过去一些上层社会中也出现了不少技艺高超的银饰制作人。如昭觉特布洛的马阿克·比克支马尔古惹家族、昭觉乌坡乡的马·什阿觉都家族等。

三　银饰制作技艺的传承与变迁

银饰制作技艺是彝族人一门传承久远的民间手工技艺，虽然它的存在和延续经历了长久的历史变迁，但是在之后彝族历史的每一个阶段，彝族先民都没有间断对白银制作技艺的传承和发展。

在 20 世纪 60 年代以前，这种制作技艺基本处于一脉相承的彝族技艺风格，保留着浓厚的原生文化特点。

1. 银饰制作技艺的传承

彝族银饰制作技艺的传承有两个方面：一方面是历史的传承；另一方面是技艺的传承。

彝族先民发现使用白银的时间是很早的。正如前面银饰制作技艺的历史渊源里提到的，彝文文献《勒俄特依·石尔俄特》的记述说："石尔俄特啊，要去买父亲，要去找父亲，领着九个仆人，带上九束银勺，带上九束金勺，驮了九驮银沙，驮了九驮金沙，狐狸赶银驮，兔子赶金驮。"在石尔俄特时代，即从母系社会末期进入父系社会初期，彝族先民就已经掌握了白银的冶炼和加工制作技艺。既然彝族先民掌握了白银的冶炼和制作技艺，必然要把这些制作技艺保留下来，也就出现了传承的关系问题。

凉山彝族在银饰技艺传承方面，主要存在于家族、父子等血缘相承关系，或非血缘关系的师徒传承关系。在过去，白银制作技艺的传承基本上是父子传承、家族延续的方式。例如 1956 年出生的省级非物质文化遗产传承人、布拖县乐安乡坡洛村彝族民间著名银饰工艺师勒古沙日，到他本人，其家族从事银饰制作技艺的历史已经有 14 代，如今，他也早已把银饰制作技艺传给了他的儿子、孙子，今年刚 60 岁的他已经有了重孙，他已打算，之后要把银饰制作技艺传给他现已 5 岁的重孙，让家族这门薪火相传的技艺不断延续，发扬光大。乐安乡坡洛村尔古家族就是凉山彝族中比较典型的家族传承式工匠家族。勒古沙日的银饰制作技术水平自不用说，他在银饰制作技艺传承方面也是打破了银饰手工制作技艺"传男不传女，传内不传外"的祖制，将银饰制作技艺传授给喜欢学习彝族银饰手工制作技艺的人，目前授徒已达 30 余人。勒古沙日还把银饰制作技艺传授给女儿甚至儿媳。勒古沙日的女儿叫勒古莫佳林，嫁到德昌县的阿苏家，在德昌县成家立业的勒古沙日女儿自己就在德昌县城开了一家银饰制作店铺，自己制作银领牌、银领泡、银纽扣、银手镯、银戒指等出售。在勒古沙日家里，勒古沙日的一个儿媳已在婆家学习了 3 年的银饰制作技艺，她自己也有一套银饰制作加工工具，现在她自己也能在家里单独从事银饰制作加工工作。

如今已纷纷在州府西昌设作坊、开店铺，颇有声势的越西县乐青地乡瓦曲村的银饰加工工匠们，其银饰加工制作技艺又是始自何时？由何人传授呢？其实，瓦曲村的银饰制作技艺的历史还不长。瓦曲村银饰制作技艺是 20 世纪 80 年代中期，也就是改革开放初期，从昭觉县比尔乡则普拉达村搬到越西县乐青地乡瓦曲村居住的阿说阿且带过来的。今天瓦曲村银饰加工或与银饰加工销售稍有关联的人，都尊称阿说阿且为"大师傅"。30 多年前，阿说阿且搬到瓦曲村后，就将自己的银饰加工制作技艺无私地传授给了对此感兴趣的威色木基，威色木基又将手艺传给自己的儿子威色赤布，后来，威色赤布又将手艺传给海来、曲木等外姓人。瓦曲村最先学得这门技艺的威色木基也被村里人习惯地在名字前冠以"尔古"（工匠）的姓。正是阿说阿且无私地将银饰制作技艺传了瓦曲村的人，使它在瓦曲村不同家支姓氏间互相传授，如海来国忠等一些人现在就是靠银饰制作技艺，在当地已发展成了银饰制作技艺大户。瓦曲村阿说阿且与威色木基、海来国忠等海来及曲木家支的人就属于师徒传承的关系，其中威色木基传给儿子威色赤布又属于家族传承的关系。

银饰加工制作技艺的掌握还有一种情况是国家社会培养的结果。居住在越西县普雄镇尔普村的曲木克底从小就对工匠技艺感兴趣，他心灵手巧，有悟性，加上受工匠家庭影响，15 岁开始跟随父亲学银饰制作技艺，很快就学成出师，而且技术精湛。1975 年，曲木克底被招进当时州府昭觉的凉山州民族工艺厂，工艺厂有个银饰品加工车间，他既是车间主任，又是车间的技术员。曲木克底在凉山州民族工艺厂里工作时，曾被派往重庆长江工艺厂学习培训，掌握了模具制作技艺。他创造性地将工业模具与彝族传统银饰制作融为一体，大大提高了工艺制作的效率和质量。1983 年，他的银饰作品在北京民族工艺品展销时，获得二等奖。2011 年，经四川省民间艺术大师评审委员会批准，曲木克底被四川省民间文艺家协会和四川省文化品牌发展促进会授予"（彝族银器制作）优秀传承人"荣誉称号。对于银饰加工制作技艺的传承，曲木克底说："我们一支师从的是吉波俄尔支系的银匠，从夫吉→布拉→洛木→约哈→拖且→克底→巫勒，至自己儿子这一代已经传承了7代。从拖且这一代，人们开始在他们的名字面前冠以'尔古'的称号，如'尔古拖且''尔古克底'等，意思是'师傅'。"

越西县乐青地乡瓦曲村阿说阿且、威色木基，布拖县乐安乡坡洛村的勒古沙日等这些掌握了银饰制作技艺的工匠们，现在都改变了过去传统的收徒的思想观念，能够无私地把自己的技艺传授给别人，所以，才使得我们今天能在乡镇、县城看到彝族银器制作技艺的发展景象，这些也都是银饰制作技艺传承关系变迁的结果。

尽管彝族人过去在家族传承工匠技艺方面有所谓"传男不传女，传内不传外"的规矩，但是，彝族社会还不是一个社会分工非常明确和细化、商品市场十分发达完善的社会，社会经济仍然以农业为主，畜牧业为辅，商业、手工业还不十分发达，多数情况下工匠的从业劳动仍处于业余农闲时的作业，真正意义上能脱离农业生产的工匠群体还不多，从事农业、畜牧业以及管理才是宗族家庭的立身之本和所崇尚的。所以在这个方面又有"长子是家支的儿子"这句话，在凉山彝族社会以长子为尊，长子必须融入家支社会，参与家支活动。所以就是在世代工匠家庭，也只能把工匠技艺传给长子以外的其他儿子，尤其小儿子是必须接受工匠技艺传承的对象。

2. 银饰制作技艺的变迁

银饰制作技艺在工艺和工序的完成等方面也发生了变化。过去，银饰制作中，一件银饰的打造一般是由工匠个人独立完成，如果是家庭作坊式工作，银饰主要构件由父亲（师傅）完成，儿子（徒弟）完成附件加工或儿子（徒弟）在师傅的指点下完成工序过程，一般较少独立完成几个构件或独立承担一道工序，因为银饰制作是一件精细的活，工艺水平直接影响到产品的质量、美观、价值，甚至声誉。所以师傅总是要从头至尾经手或把关。但是现在工匠们的观念发生了变化，他们开始把彝族这种个人传统的纯手工艺技术向多人合作甚至机械化方向转变。例如越西县乐青地乡瓦曲村海来国忠等银饰加工大户的"分工合作”的现代工艺流水线作业模式。

　　一件曲此（银耳链）需要五六个人分工合作才能完成。拉银丝1人，做链座1人，做小银环1人，做耳链1人，做坠子1人，组装清洗1人。银耳环制作过程中的"熔""抽""焊""拧""剪"等每个工艺环节的技术要求各不相同。海来国忠认为：这样做就越做越快，越做越多，越做越巴适。海来国忠一语表达了银饰制作加工在现代工业分工合作方面的奥妙。瓦曲村的银饰加工已有现代工业分工合作的雏形。其生产程序是大户从外面的白银市场进得原材料后，分发给本村的小工，进行流水线生产，即由小工分工完成各配件的加工，再由老板组装成一件成品。

四　银饰制作技艺传承人的存续状况

　　银饰制作技艺工艺繁复，技术含量高，一般人不是一朝一夕就能学会的。并且，银饰制作工艺原料本身属于贵重金属，材料成本高，必须有比其他行业更大的经济承担能力，所以一旦学徒，须首先学会珍稀材料、核算成本，不能费时费力却随意打造无用或不被器重、不美观的器物成为银饰制作匠人的本能思考。虽然属于匠人阶层，但和其他行业匠人相比，具有许多优越的地方。过去，彝族民间对工匠的等级地位也是分三六九等的，而银饰制作行业工匠从业人数有限，所谓"物以稀为贵"，对掌握银饰制作技艺的银匠，人们就另眼相看。因此，银匠在彝区也就如贵重的白银一样受到尊重。如依诺中心地区的美姑，吉波俄尔一支就被认为是最有名望的银匠家族之一；在圣乍腹地的喜德，木特先幂一支也是非常有名的银饰制作工匠家族。

　　正因为银饰制作技艺工艺繁复，技术含量高，银饰制作技艺的传承也有自身的特殊性。比如学习者要有一定的手工制作技艺天赋和经济条件，学习的环境氛围也要好。首先，银饰制作这门技艺本身，它的材料来源是一种贵重的金属，在彝族人看来，直到今天，它仍然扮演着一种"亚货币"的角色。那么就决定了这门技艺与其他行业相比，它的门槛、学艺和开业成本较高；其次是"传男不传女，传内不传外"祖制的约束，如果与银匠制作工匠有一定的亲属关系或情谊就很可能有机会，否则就没条件和机会学习，从事银饰制作技艺。所以，从工匠种类来说，银饰制作技艺工匠总体上要比其他工匠群体小、人数少，这些都是客观原因形成的。

从事银饰制作技艺与从事其他技艺相比，工作环境相对干净，劳动强度相对轻松，收入也比从事其他行业要高，特别是和务农相比，不被日晒雨淋，不流汗出力，这对于有一定潜能，有师傅可以传授，或属于工匠家族世家，特别是一些抱有匠人之志的年轻人来说是很有吸引力的。特别是近几年，人们的生活水平提高了，物质需求与精神需求增加了，消费能力也增强了，人们的购买力大大提升，许多人从中看到了商机，一些人以此致富了，这就如向人发出了信号，许多年轻人都进入了银饰制作这个行业，还有许多人也跃跃欲试。但是，要掌握银饰制作这门技艺，必须具备入门的条件。第一是兴趣爱好。爱因斯坦说过，兴趣是最好的老师。一个人如果没有对银饰制作技艺的兴趣爱好，主观上就会缺乏主动精神，就不会积极地钻研银饰制作这门技艺，因此就难以提高自己的技艺水平。第二是要有"工匠精神"。"工匠精神"就是手工生产者对自己的产品精雕细琢、精益求精的精神理念；"工匠精神"就是一种情怀、一种执着、一份坚守、一份责任；工匠精神就是从容独立、踏实务实，摒弃浮躁、宁静致远，精致精细、执着专一。在银饰制作上，没有"工匠精神"，就没有意识的大气，没有作品的精细，也就没有了传统，没有风格。

从纵向来看，民主改革以前，凉山彝族地区社会发展程度较低，根据社会经济现状，社会购买力、货币流通的媒质或贵金属在民间的拥有量，自然调剂了银饰制作工匠人数的产生。另外，银饰制作技艺是一门精细而要求比较高的行业，纵然社会经济疲软，社会购买力差，影响工匠从事银饰制作，迫使他们放下手中的工具，这个行业也不会受到致命的威胁，他们可以务农或转行从事其他工匠行业，对于掌握银饰制作技艺的工匠转行从事铁匠、杂物制作等行业是比较容易的，何况这些现象都是短时间的或阶段性的。所以银饰制作技艺工匠或传承人的存续状况变化不大，可以说相对比较稳定。

由于银饰制作这门技艺是与白银这种贵金属打交道，白银在过去的彝族社会属于一种流通的货币，民主改革以后，凉山彝族社会经济制度发生变革，货币制度彻底改革，过去充当货币的白银退出货币市场，白银被限制流通。特别是到了"文化大革命"时期，意识形态及文化沙文主义等因素又使少数民族文化被颠覆、被放逐，作为代表彝族文化符号之一的银饰制作首饰、银饰制作器物，连同掌握银饰制作这门技艺的工匠们都被否定，银饰制作技艺逐渐流失，银饰制作工匠及其技艺的传承人受到很大冲击。

1978 年改革开放以后，国家计划经济逐渐向市场经济发展，商业的发展带动商品的逐步繁荣，同时带动了民间手工业的复苏。富有民族特色的彝族银饰制作工艺产品又开始出现在彝族群众的生活之中。银饰制作等奢侈品的需求也让银饰制作技艺传承出现好的发展迹象。

目前，银饰制作加工行业出现了繁荣景象，在全州范围内，无论依诺、圣乍、所地，几乎每个地区、每个彝族聚居地区的县城甚至乡镇，都有从事银饰制作加工的彝族匠人。

第二节　银饰制作的工艺流程

彝族民间银饰手工制作工艺流程大致为三步。

首先，配备银饰制作中必需的基本炉具、基本工具：炉具、银材、燃料、戥子（称银子的秤）、坩埚、长柄钳、锻打钳、铁锤、铁砧、凿子、剪刀、镊子、铅板、模具、牛角模具等，备齐的多达上百种；其次，将加工银材或银锭放入坩埚，置入木炭烈火中熔化，将熔化的银水倒进模具冷却，之后取出成型的银板在炭火中加温取出锻打，根据打制器物或银饰形状需要，打磨成平整的条块或银片，将银片用钉子固定在质地比银更软的铅板上，用凿子、铁锤等工具雕刻花纹；最后，将雕刻成花纹的多余部分修剪掉等，再经过、拉丝、雕刻、阴刻、镂空、镶嵌等工艺。其基本工序大致为：选料、熔铸、锻造、成型、造型、打磨、抛光、组合、调整 9 道，最后制作成一件银饰制品。

一 银饰制作的选料、备料

过去凉山彝族地区民间流通或拥有的白银有两种情况：一种来源是由银匠自己购买一些早年间的银锭（元宝）、银砖、银条；一种是收集、回收银质的各种旧首饰、旧餐具、酒具及其他器物，熔化取得白银。两种来源，以第一种为主，第二种次之。第一种来源方便，数量足、材质好，工序也比后一种简单，成色好、外形规整，甚至可省去融化这道工序。材料来源中，银圆因铸币工艺的需要，一般含银量比银锭低，既然不流通，凉山彝族只看含银量而不看重其货币象征价值，所以，银圆在凉山彝族地区不像银锭那么受欢迎，所以彝族人爱储存银锭。

银圆中除了"光绪元宝"（含银量96%～97%）、"袁大头"（含银量90%以上）、"孙小头"（含银量90%以上）白银纯度较高（"袁大头"民国九年版含银量更高，甚至达到97%以上）以外，其他的银圆如1907年11月云南造币分厂铸造的银圆，云南的主币"半开"（含银量初为86%，后来含银量逐渐下降，甚至50%）等，白银纯度相对较低，所以彝族人对它喜爱有限。第二种材料来源多数银质也比较好，但需要重新融化浇注成型，经制成银板再进行锻造等，人工和工序增加。

有些银币虽然含银量高，但因特殊原因很少流通到凉山彝族地区。这类银币如同治六年（1867）上海一两银币、光绪十五年（1889）广东省造光绪元宝、光绪二十年（1894）湖北省造本省光绪元宝、光绪二十四年（1898）湖南省造光绪元宝、光绪二十四年（1898）福建省官局造光绪元宝、光绪二十八年（1902）铸浙江省造光绪元宝、光绪二十九年（1903）奉天癸卯光绪元宝、宣统二年（1910）庚戌春季云南造宣统元宝、民国二十一年（1931）金本位半元银币等属于中国近代银币珍品，发行量少，发行伊始便被收藏，难以在民间流通，更少在不重视银币的凉山彝族地区出现。

清朝是中国银锭器形种类最繁多的时期，从雍正王朝开始，银锭器形一改从前的时代特征，突出地区特色，几乎各省都有本地区的代表器形，种类繁多、器形复杂，大体上有元宝形、圆形、方形、砝码形、腰形、槽形、大翅形、牌坊形、茶花形等几大类。清朝银锭按重量可分为四种：第一种是宝银，呈马蹄形，重五十两（计 1875 克）；第二种是中锭，多为锤形，重约十两（计 375 克），又称小元宝；第三种是小锞或锞子，形如馒头状，重一二两到三五两，也叫小锭；第四种是不足一两的散碎银子，有滴珠、福珠等称法。设计成何种造型的银锭通常与地方民俗传统密切相关，如东北为高翘宝，特点是双"翅"高高，多为单面倾斜，铭文铸在厚实的一面；湖南为龟宝，倒看如同一只乌龟；贵州则因盛产茶花将银锭设计为茶花形。而云南的马鞍宝，更被称为银锭之佳品、晚清传奇货币。

　　清朝（1644—1912 年）是中国历史上第二个由少数民族建立的统一政权，也是中国最后一个封建帝制国家，历经十二帝，国祚 268 年，前后经历了将近 300 年的发展，跨越了几个世纪。清朝无论经济发展还是国力昌盛程度都达到了前所未有的高度，是封建社会发展的最鼎盛时期。白银作为清朝最常见的硬通货之一，在凉山彝族地区也充当着货币媒介之一，且为最重要的媒介。在凉山彝族地区，银锭、银圆是商业贸易最重要的硬通货，也是民间财产交换的最直接的价值参照物之一。

　　在凉山彝族地区出现流通的白银，主要是清朝雍正、道光、光绪、宣统年间的银锭，如清代山西"道光、祁县"五十两银锭、清代宣统三年十两官锭、光绪四十年"同福生"十两银锭、金珠挂顶清代川锭厘金局十两、清四川富顺县双戳十两银锭、清四川"万载县"双排戳十两、清四川"荆州府"双排戳十两，以及从清代光绪年间开始制造的银币（银圆），再如光绪元宝、光绪银币、大清银币、宣统元宝、慈禧皇太后肖像币、宣统皇帝肖像币等。除了清朝的银锭、银圆以外，后来还出现了部分民国时期的银锭和银圆，如民国四川西昌双排戳永裕楼十两银锭、民国四川西昌双排戳永丰楼十两银锭、民国四川西昌双排戳永兴楼十两银锭、民国四川西昌双排戳永福楼十两银锭。而早凉山彝族地区比较少见或很少流通的是五十两、五两的银锭，如东北清光绪三十一年乙丑宽城同顺成五十两大翘宝银锭、宣统年间库伦①大清银行五十两银锭。民国浙江"萧山"三排戳五两银锭等。

　　要制作精美、纯度高的银饰，选料、备料的程序是必不可少的，而选料、备料离不开鉴别银锭、银砖、银条、银圆、银器物的真假和纯度。鉴别白银材料的真假的方法通常有：从外观上来看，真银饰的光泽度好，颜色是亮银白色，做工细，假的暗沉无光，为银灰色。重量上，因白银密度较一般常见金属略大，真银饰是有一定分量的，所以掂掂重量可对其是否为白银做出初步判断，若饰品体积较大而重量较轻，则可初步判断该饰品属其他金属或假银。硬度上，用手轻折银饰，易弯、不易断的成色较高，僵硬、勉强折动的成色较低；经折弯或用锤子敲几下就会裂开的为包银首饰；经不起轻折，且易断的为假货。声韵上，纯银饰品掷地有声，无弹力，声音尖而高且带韵；若为铜质，其声更高且尖，韵声急促而短；若为铅、锡质地，声音沉闷、短促，无弹力。从化学角度上，用火烧或用温水泡银饰，其颜色变黑的话就是真的，只要用冷水清洗再稍等片刻，银饰又会变为本色；真银饰在冶炼时会熔解为液体且变为黑色，而假的在冶炼时依旧是凝固型的。

　　当然，凉山彝族银饰制作的白银来源不仅仅限于银锭、银圆、银器等。白银的材质也是多种多样的，如"云南千足银""云南雪花银"。"千足银"是指含银量99.9%的银，从外观上很容易识别，因为它散发出亮银的本色。这种银材质比较软，不适合用来制作镶嵌类的饰品，但凉山彝族的银饰多数为素银类饰品，所以用它来制造素银类首饰则有银饰品特有的质感。"云南雪花银"又称"丽江雪花银"，因玉龙雪山在纳西语里是"银石"的意思，所以就有了"丽江雪花银"的称呼。"云南雪花银"是含银量不小于99%的足银，原银色泽明亮、质地柔软、纯洁无瑕，融合了玉龙雪山的灵性。但"云南雪花银"过于柔软，不易铸造成心仪的首饰造型，且容易磨损和氧化而变黑，加工成本也过

---

　　①　"库伦"，蒙古语为"大寺院"之意，始建于1639年，当时称"乌尔格"，蒙古语为"宫殿"之意，"乌尔格"在此后的150年中，游移于附近一带。1778年起，逐渐定居于现址附近，并取名"库伦"，清朝时期为清朝地域，1924年蒙古人民共和国成立后，改库伦为乌兰巴托，并定为首都。

高，因此不是非常适用于首饰制作，特别是银胸牌、银蓑衣、银马鞍等大件银饰的制作。

现在市面上进行的银饰制作加工，其白银材料来源主要分两部分：一部分是通过旧有的方式得来的材料，即过去保留下来的银锭、银条、旧银器回炉得到银材料，现在把银币拿出来制作首饰的很少了；另一部分白银材料的来源就是新工业银。在少数民族地区，新工业银由政府有计划地提供给少数民族打造民族手工艺品的单位或个人。随着全国白银工艺品行业的发展，越来越多的高纯度工业银被用于工艺品行业。根据国家质量监督检验检疫总局 2002 年发布的 GB/T 4135—2002《银》标准最新规定，在根据白银国际市场的通用要求的基础上，该标准对银的规格进行修改划分，银按化学成分分为三个牌号：IC－Ag99.99、IC－Ag99.95、IC－Ag99.90，分别对应国际一号白银、国际二号白银、国际三号白银。工业银的含银量最低标准为 99.90%，按照白银工艺品的行业划分标准，工业银在白银工艺饰品中均属于千足纯银范畴，即含银量在99.9% 以上的工艺银，也可称为千足纯银、千足银、S999 或者 999 银等，而市面上类似高含银量的银制品的出现，是市场需求挖掘，白银工艺品制作工艺提升的表现，也使得工业银与工艺银的定义在白银工艺品领域产生了融合。

由于传统的消费习惯和心理因素，无论是自己要置办首饰，还是制作银饰的工匠，大家还是对过去的银锭，特别是"十两足银"（约今新秤公斤的 550克）这个重量的银锭情有独钟。在这类银锭中，像"清四川'荆州府'双排戳十两""金珠挂顶清代川锭厘金局十两""清四川'万载县'双排戳十两""清四川'仁岸永隆裕'双排十两""清四川富顺县双戳十两银锭""清代平武县十两银锭"等银锭都很受欢迎。到民国时期，四川西昌是进入大凉山彝族地区的重要通道，也是彝族地区生活日用品的主要供给地区，在当时，凉山彝族地区大量种植鸦片，西昌成为当地鸦片贸易中心，银锭、银圆成为鸦片交易的主要货币。商人们为了在彝族地区购买更多鸦片，在西昌投资了银铺，来铸造彝区所需要的银锭，其中永裕楼、永丰楼、永兴楼、永福楼四家永字号大小银铺最有名，其信誉最高，银锭成色最好，俗称"四大名楼"。由于永裕楼、永丰楼、永兴楼、永福楼"四大名楼"的银锭成色好，纯度高，延展性好，色泽明亮而柔和，是最受凉山彝族银饰置办雇主和银饰制作工匠的青睐。所以，彝族人多选这类银锭作为银饰制作的材料。

银饰制作的选料备料是一个必经的过程，也是制作精美的银饰器物、首饰、装饰品的一个阶段。如果白银的来源没有把握好，白银的成色、纯度达不到制作银饰的要求，将直接影响到银饰器物的质地，影响到它们的色泽、光洁度、精美程度，所以，银饰制作的选料、备料是一个十分重要的环节。

二　银饰制作的加工工艺

彝族谚语说："嘴多伤人，手巧益人。"有手艺的人在彝族社会是受人欢迎的。银饰制作工匠与贵重的金银打交道，是制造美丽的人，银饰制作这门技艺使他们在生活中受到人们特别是女性的欢迎。

当然，银饰制作技艺复杂，工艺精细，是一门较难掌握的技艺。

银饰制作技艺包括造型的设计、结构的制作、外形的完善、整体的组合、纹饰的选择、图案的加工、表面的抛光打磨，每个环节都是技艺与能力的体现，只有掌握这些技巧才能成为一个合格的银匠。造型设计是第一步，结构的制作是第二步，外形的完善是第三步，整体的组合是第四步，纹饰的选择是第五步，图案的加工是第六步，最后是表面的抛光打磨。前四个环节犹如"皮"，后三个环节犹如"毛"，"皮"没做好，"毛"再美丽意义也不大。什么样的白银材质制作的器形决定物件什么样的质地和价值，有了好的载体加上好的纹饰设计和精细的工艺，不仅能使整个器物添彩，还能使之价值升华。如一副银马鞍，它就由银马鞍的材质、造型、线条、纹饰、抛光决定他的工艺水平；一尊酒具，或鸟形、鱼形、球形、扁圆形，外形决定了它的象形、逼真、乖巧程度，线条、纹饰、抛光决定其价值几何。

彝族银饰的制作过程是：用天平称出所需银子，将银子放入坩埚置于木炭做燃料的炉火中，以风箱鼓风加高炉火温度，使银子在坩埚中熔化成银水，接着将熔化的银水倒入模子冷却，冷却成银条、银板，之后用钳夹出银条在特有的铁砧上捶打，打制成各种形状的更薄的银片、更细的银条。如银片、银条、银丝制作器物，经模子挤压后，成银器的雏形，再经雕花、镂空、焊接、打磨、上光等十几道甚至是几十道工序，一件彝族银饰就制作完成了。

彝族银饰沿袭传统手工制作技艺，工艺具体工序主要有范铸、锤揲、鎏银、焊接、錾花、阴刻、掐丝、镂空、镶嵌、炸珠、收挑、包银、贴银、抛光、错金银等多达十几种，全手工完成。

（1）范铸，彝语叫"硕"，就是先用秤称出所用银料重量，将自然银或银锭、银料砸碎或崭成小块，放入坩埚置于火炉中熔化，在风箱不断鼓风后，火炉内成白热化程度时，白银开始熔化，用长柄钳将坩埚内银水浇铸铜模或铅模内，冷却后成银板、银条型等。

（2）锤揲，彝语叫"资"，即趁银料未变冷时，开始锤打，并充分利用银的延展性，用锤子将银块锤打成片，然后置于器物或模具上挤压锤打，将银坯按理想形状捶打成型。

（3）鎏银，也叫"火镀银"，彝语叫"曲依洛"。此法是将银片剪成小碎片，在容器内放入水银及银，通过熔炼后制成银泥，用得到的银泥涂抹在铜体的表面。对涂有银泥的铜体表面进行烘烤，使银泥中的水银转化为气体挥发，白银则固留于器物表面上。彝族人性格耿直豪爽，甚至体现在对一件饰物的使用态度上，一般喜爱使用货真价实的原质器物，如铜质便是铜质，银质便是银质，在银饰制作中多用纯银打造，很少使用如铜胎镀银的饰品。

（4）焊接，彝语叫"章"，是在银器或银饰件之间的接触点浇灌金属液体，使其冷却后牢固地结合为一体。

（5）錾花，彝语叫"布玛载"，即用錾刀在银器表面刻出各种花纹图案，分阴地、阳地、沙地等不同方法，可錾花、錾文。

（6）阴刻，彝语叫"载"，即用錾刀在银器等表面显示于平面物体之下的立体线条和图案。

（7）掐丝，彝语叫"曲西裹"，即用镊子之类的工具将银丝掐成各种纹样，并焊接于器物表面。

（8）镂空，镂空这道工序彝语叫"谷"或"曲孔伍"。镂空属于一种雕刻技术，即用錾刀在银器等表面雕刻出穿透银器表面的花纹、图案或文字的技艺。镂空技艺使银器外面看起来是完整的图案，但里面是空的或者里面又镶嵌小的镂空物件。

（9）镶嵌，彝语叫"则格"，即在银器表面上镶嵌珍珠、水晶、绿松石、红绿宝石等材料的饰物，如彝族银饰中的男女手镯、戒指等常用此工艺，一件器物上往往镶嵌着多种饰料。

（10）炸珠，彝语叫"曲字"或"曲来"，也称"吹珠"，即将银熔液滴入温水中，使之结为大小不等的银珠，也有将银丝截成小段后熔成小珠。

（11）收挑，彝语叫"库黑载玛地"，是一种取得浮雕效果的錾雕工艺。一般平錾是从正面錾，而收挑是从正反两面，使其有收有挑，有凹有凸，以取得三维效果。

（12）包银，彝语叫"曲而"，即在铜器、铁器、木头（枪托）或玻璃（酒瓶）等其他器物的表面包上一层银片，起保护和装饰作用。包银这种工艺在过去凉山彝族中使用的最普遍，彝族人比较喜欢银，也常常用它装饰贵重物品或心爱物品，如过去给枪托包银，给刀包银，给烟斗包银，甚至给玻璃瓶子包银。

（13）贴银，彝语叫"曲地"，是用牛胶、生漆之类的黏合剂将银片贴于器物需饰部位，或利用器物表面的凹凸面将银片紧贴于器物表面。

（14）抛光，彝语叫"落挖撒"，抛光是指用平整圆润的工具敲打、滚压，用刮刀微量刮削，或用粗硬纤维等布料磨料手工摩擦银器表面，使银器表面粗糙度降低，以获得光亮、平整、光滑的表面，以改善外观效果。

（15）错金银，彝语叫"曲宰诗载"或"曲泽诗则"，是在铜器铸范上先刻上凹槽或在铜器铸成后刻上凹槽，然后在凹槽内压嵌铜条银条，或是在骨质、角质物上先刻上凹槽，然后在凹槽内压嵌铜条银条，再将其打磨与器表平整，彝族常用此工艺装饰匕首或长刀的柄。

彝族银饰制作技艺属于彝族民间纯手工制作技艺，这门技艺多数至今仍运用传统技法，依照传统工序，保持传统工艺，作品产出也注重表现自我继承、自我开发，所以银饰制品有鲜明的地域特征、个性特点、民族风格，基本传承了彝族传统文化脉络，保留着彝族原生本土文化的特点，所以别具一格，独有风韵。这种纯手工技法制作的首饰，在某种程度上承载着当今彝族人对彝族先民、对自己祖先的崇慕之情，以及对几千年来本民族文化的深深眷恋。从事银饰制作已经四十多年的布拖县乐安乡坡洛村勒古沙日说："银饰制作工艺多数情况下没有模板，全靠工匠自己的记忆来制作。"其他地区有部分采用模板工艺的银饰制作匠人，其使用的工具、模具比较简单，机械操作程度低，虽然不同工序也使用专用工具，但工具功能替代使用或一具多用比较普遍。总体而言，制作技艺基本属于人工范畴，因此其制作成品，制作技艺的优劣程度，主要依赖匠人的个人技艺水平，不论银饰制作中使用或不使用模板的工匠，制作过程中都强调精工细作。从每个人的工艺水平、工艺过程中都能体现出每个工匠其技艺的传承背景和个人技艺的掌握熟练程度以及创造性精神。不经过精雕细琢，没有精益求精的态度，是创造不出好作品的。

第三节　银饰、银器的种类及功能

银器在彝族人的生活中运用非常广泛。彝族民间的银饰、银制品种类繁多，形式多样，但其种类大致可分为银佩饰和银器具两个部分。银佩饰部分如男女的银首饰、银佩饰、银挂件、奢侈物品镶银和银装饰等；银器具部分如银酒具、银餐具、银烟斗、银马具等。

一　配饰及功能

（一）配饰

彝族银饰装饰于人体的位置是不同的，或是对人体部位打扮的重视程度来说是有区别的，有句彝族谚语说："彝族重视头部，藏族重视腰部，汉族重视脚部。"从外表来看，彝族对自身的梳妆打扮的重视程度确实是从头部开始的，彝族的银饰装扮也可以视为是从头至脚依次开始：帽饰、头饰、耳饰、颈饰、胸饰、背饰、身饰、服饰佩饰、手饰、足饰10个大类。

统观彝族的各种银器，最具特色的还是体现在各类首饰和服饰的银饰部分。在首饰、服饰两类中又分男性首饰、服饰和女性首饰、服饰两个方面。

男性首饰和服饰与女性首饰、服饰相比简单，种类也少一些。男性在首饰、服饰上主要有武士的银头盔、年轻小伙子的银饰日玛尔布（小竹笠）、银耳环、银耳链、银纽扣、银挂件（银耳挖、银拔胡镊子、银牙签等）、银蓑衣、银戒指。

彝族妇女最喜爱银饰，所以彝族女性的银饰也最多，她们喜欢用银饰品来"包装"全身。首先女性服饰和首饰就比男性首饰、服饰复杂，种类更多，一个盛装的姑娘其服饰和首饰有：银饰"日玛尔布"（小竹笠）、哦伟，或是"哦而"（妇女戴的帽子）、银凤冠、银簪子、银耳环、银耳坠、银耳链、银领牌、银领扣、银领泡、银项圈、银项珠、银胸牌、银背牌、银挂件（银针筒等）、银纽扣、银手镯、银手链、银戒指、银脚铃等。

银饰图案主要饰有日月星辰、山川河流等自然图像的，有饰有鸟兽虫鱼、花卉草木动植物纹样的，有饰有谷粒南瓜、羊角鸡心五谷家畜图案的，有直线弧线、对角对称表现几何图案的，这些纹饰图案点线相应，动中有静，疏密有致，浓淡相宜，浑然天成。

彝族女性头饰分为哦伟、几约、哦而、耳环等几种。哦伟是少女戴的银头饰，用两指宽的黑色丝绸布缝好头带后，选择6—8个不同图案花纹的银圆圈，用同一种颜色的缝线缝在绸带上而成；几约是已婚女青年戴的银头饰，按前面高后面倾斜的方式或者两边折叠往后收扎成一束的方式，在丝绸帕子上缝上银片、银叉、银须，再从头上往后颈部加两根穿有珍珠玛瑙的丝线组成；哦而是彝族新娘出嫁时的一种头饰，用黑色布料制成，能盖住头，齐肩且宽松的头盖帽，按一定密度，用线把圆形或方形的雕有花纹的银薄片缝上而成。

彝族女子以颈长为美，特别注重颈部装饰。银领饰包括：长方形的"曲盖"（银领牌）、"阿火盖"（领扣）、"来注"（领花）。银领饰（仅妇女戴，一般为圆形，围在颈上）是用银片来剪成小块的各种植物叶形或花形，在剪成的小银片 4 个边上打孔，用针线穿过孔，把银片缝在圆形布领带上既成；银领扣是用银片剪成彝族传统形状的领扣，用银条、银丝、银丁、银片等来打造图案，再把图案焊接好后缝在领带上而成。彝族妇女戴领带（圆形）时，银领花和领扣均不可缺少。这种装饰显示其修长、美丽的颈部，有着强烈的东方审美特征，显示出含蓄、典雅的东方女性之美。

还有如银饰耳环、耳坠。耳环有两种造型：一种是宽圆形耳环，这种耳环，环的接头都有叉，可相互套住，环中间挂一块圆形的各色玉石片；另一种是环的中间挂的是银丝，一只耳环一般挂 16—32 根细银丝，有的地方还在两只耳环间系上一条长长的银细链条，垂于前胸。昭觉依诺妇女传统的柿蒂式耳坠，下垂用银丝编制而成的细银链有 5—7 根，戴之摇曳别致。这些领牌、领泡、耳坠等与彝族妇女服装搭配起来显得飘逸、婀娜多姿，与百褶裙、头帕、加什瓦拉搭配十分和谐。

凉山彝族佩饰中最贵重的是女子结婚用的"曲乃嘎"（胸饰）和"曲窝嘎"（背饰）了。胸饰长约 2—3 尺，重达五六斤，由 8 件或 6 件独立的饰件组合而成，用银链连接成环状。胸饰下正中有半月形主体，上件挂于颈上，其他 6 件左右对称，形状相同，纹样异同皆有。每个饰件垂吊筒穗、银铃。半月形饰件上的图案丰富多彩，但构成图案的基本纹样却大致相同，雕刻着彝族自古以来崇尚的太阳、月亮、星星、蛇蛙、鸟等人文自然符号，或水、火、瓜果、农作物等纹饰。整个图案形象突出、夸张，但做工精细，纹饰外凸，颇富立体感，从中不难看出彝族人民与自然和谐共处的真实写照。"曲乃嘎"和"曲窝嘎"在雷波、金阳、布拖、普格以及昭觉等地区最为注重。1955 年，雷波女土司阿卓土司（雷波千万贯土司）杨代蒂作为少数民族代表到北京参加第一届全国人大二次会议，她穿的少数民族服装，特别是一套"曲乃嘎"引起毛泽东、周恩来的关注。有一次大会休息的时候，毛泽东走到杨代蒂面前问："你是哪个民族的？"伸出手和杨代蒂握手。在另一个场合，周恩来也主动和杨代蒂搭讪："代蒂同志，对中央关于凉山彝族民主改革的这些政策有什么意见？请说说你的看法。"就因为杨代蒂的这套"曲乃嘎"非常美丽华贵，还被国家借去，送到苏联莫斯科展出。

彝族手饰、腕饰主要以银饰为主。"曲弄古"（手镯）、"曲弄比"（戒指）银手镯、银戒指的样式分老年、中年、少年等不同年龄段，特别是女性青年的手镯和戒指，其造型和图案花纹特别讲究。银手镯一般佩戴一个或多个，银手链也是如此。银手镯自然大方、华贵别致、创意独特，具有个性又显高贵。银戒指分男女两种，男性一般佩戴一个环状戒面镶嵌红、绿、蓝玛瑙或珊瑚宝石的圆形戒指。彝族女性喜欢戴戒指，女性可佩戴多枚银质盾牌形戒指，有的左手五指均戴有不同造型的一组戒指，戒面也可镶嵌红玛瑙或红珊瑚宝石。

关于彝族姑娘的脚饰，在彝族习惯法中，男性为女性赔罪时有一句话：从头赔到脚，头上戴金冠；从脚赔到头，脚上挂铃铛。虽然这是一句彝族习惯法中的法律用语，但同时也是一句对彝族脚上配饰的记录。说明彝族对身体的装饰打扮是从头到脚全方位的，一些人认为，彝族人对脚部装饰没有什么讲究，其实不然。

除了整件独立的银饰，还有服装上的服饰。如金阳彝语说的"曲来改玛马"（银纽扣），彝族女性衣服上的银饰纽扣普遍较小，而纽扣面上有点状花纹。在金阳，对坪和派来片区的女性银饰纽扣，从喉颈部到胸部、腰部要缝上9—11个，用银1斤左右，多的达1斤半。

彝族银器有不带性别色彩的通用器物和有性别色彩的专用器物。不带性别色彩的器物，如银盒、银烟斗等。银烟斗有短杆的银烟斗和长杆的银烟杆。男性因携带方便，多用银烟斗，女性特别是过去的贵妇人多用长杆的银烟杆，有的甚至长到要丫鬟来点烟。有些银饰是偏于女性的生活器皿、器物，如银包等。当然，无论男女戒指、手镯、银包，其工艺制作造型迥异，风格独特、精美别致，富有彝族特色。

（二）功能

银饰的功能就是装扮人、美化人，装扮器物、美化生活。在凉山，银饰是彝族群众生活中的一部分。在生活中，彝族几乎男女老幼都会佩戴银饰，特别是在重大的节庆活动、宗教仪式、老人的葬礼、新人的婚礼现场，这些场合就成为彝族人展示各种美丽华贵的银饰的舞台。每当这样场合，佩戴着熠熠生辉的银饰的彝族姑娘，就显得姿态万千、妩媚动人、雍容华贵、美丽典雅。而左耳佩戴不断晃动的银链，身着紧缀银光闪闪的银纽扣，腰间别着白银镶嵌装饰的小刀的彝族男子，有一种英俊、潇洒、勇猛、坚强的英俊之美，威武、粗犷、充满生命活力的阳刚之气。

在凉山彝族人的生活中，佩戴银饰品标志着身份地位，具有辟邪、抗菌、装饰和祈福求神等诸多作用。

二　餐具、酒具及功能

（一）餐具、酒具

1. 餐具

凉山彝族人平常使用的餐具主要是木胎，以生漆、石黄、朱砂、银珠等矿物颜料配制而成红、黄、黑三色为基调的彩绘漆器餐具，另外，还有皮制、竹编、铜器、银器等餐具。其中以白银制作的餐具最受喜爱。白银餐具有：银杯、银碗、银筷、银马匙子、银盒、银壶、银盘、银盆等，这些银制餐具或轻便，或厚实，或简约，或繁复，或拙朴，或细腻，精美典雅，各具特色。

彝族人常用的餐具，质地常见的有：木质、铜质、银质、皮质、陶瓷、铁质，其中木质和铜质的最常见，而银质餐具是最受人们青睐的。《勒俄特依》中有一段内容记载："在石尔俄特时代，石尔俄特赶着一群兔子、一群狐狸，驮着九对银勺、九对金勺……"在诺苏支系彝语北部方言里，把吃饭喝汤用的木勺（马匙子）称为"哦持"（简称"哦"），石尔俄特当时带的"曲哦"应当是指白银打造的勺子，这些勺子既是白银制作的餐具，同时也是具有货币功能的财富。所以，石尔俄特带着"曲哦"要去"买父亲"，从这个历史传说中反映出，当时的彝族先民们已经用白银来制作"勺"或是"马匙子"这样的餐具，这里的"曲哦"应该是彝文文献中用白银制作餐具的最早记载。

2. 酒具

由于彝族人喜爱酒，所以彝族人在这方面有着丰富的表达：如"汉人再忙见肉说闲，彝人再忙见酒有空"；把饮酒视为饮食行为中较高层次的行为和礼仪，但是对待朋友贵客又非常豪爽，见了朋友热情款待，一同畅饮，他们认为，"一个人值一匹马，一匹马值一碗酒"。不过，对于饮酒的度量，也并非见酒就喝，一喝就醉，而是提倡绅士风度，温文尔雅。彝族人还有一句格言："喝一碗如得一锭白银，喝两碗如得一匹骏马，喝三碗则如一条狗。"所以，鄙视过度饮酒和酗酒之人。

正因为彝族人喜爱酒，所以盛酒的器皿也很讲究。彝族漆器酒具就负有盛名，如鹰爪杯、"萨拉博"、皮酒碗等酒具既是酒具中的奇异之作，又是彝族漆器中的精品。除了漆器，酒具中就数白银制作的酒具最受欢迎了。银酒具较多，除了仿漆器的"莫耶"酒壶等外，有相当数量的是鸟形、鱼形酒壶，其造型生动、形态各异。比如银酒具中有酒杯、酒碗、酒壶、酒托；酒壶中的"萨拉博"（酒壶）就有鸟形的、鱼形的、角形的、瓜形的、扁圆形的。鸟形酒壶翅尾平展，嘴喙大小不一，有宽有窄，有的平直，有的向下，即形成雀鸟的不同神态。雀鸟的双足为管颈圈足所代替，构造奇特：足底一孔是入酒处，吸口或在雀头顶或是在腹侧，腹侧吸口多半掩于翅下。有的银雀酒壶头顶饰有红毛布条盘花，形似凤头。啄尖垂挂银链系筒穗，移动酒壶摇曳作响，妙趣横生。五嘴酒壶是银酒器中的精品之一。造型独具风格，五个壶嘴是昂首平视的鸟头颈，壶的三分之一处有一环带，有火镰二方连续带纹，壶面有彝人头像和飞鸟图，形象生动。五嘴中只有一嘴可吸酒，其他皆为装饰。吸者必须准确地选择吸嘴饮酒，才表示其聪敏，如换嘴吸则被人耻笑为愚。众人轮番换饮，测验智力，妙趣无穷。

（二）功能

彝族人认为白银制作餐具、酒具有如下功能：第一是豪华美丽，第二是经久耐用，第三是能去邪，第四是具有杀菌、鉴毒功能，甚至像象牙制作的器皿一样有验毒的特性，鉴别食物的作用。

（1）消炎杀菌。彝族女性都要穿耳洞，如果刚穿的耳洞上戴上铁或黄金做的耳环，许多人的耳朵会发炎，如果戴上银耳环，不但不会发炎，而且伤口愈合得很快。这说明白银有消炎和促进伤口愈合的功效。白银做的首饰很少伤害皮肤，很多人都能佩戴，这也是人们普遍喜欢银饰的原因。

（2）祛除风湿。银器具有去除风湿的作用，在凉山地区的彝族有个偏方，人们生病的时候，把煮熟的鸡蛋剥掉壳，挖掉蛋黄，放一块银在里面，用热毛巾包住鸡蛋，在病人的太阳穴、两只手腕内侧以及肚脐眼上来回滚动，鸡蛋凉了以后，把里面的银拿出来，可以看到银表面已经变黑，说明它把病人体内的湿气吸出来了。

（3）净化水质。银离子能够杀灭细菌，净化水质。银离子和酒精的调和作用，用银酒杯喝酒可让酒喝起来更香醇。在古代，银还可用来内服外用。内服则是将烧红的银块放在水中，待水凉了以后把水喝下，对肠胃疾病有很好的治疗效果。外用即用银片覆盖伤口，防止感染。

（4）鉴毒。彝族人认为白银制作的银碗、银勺、银筷子等银餐具，可检验饮用的水或餐饮中的汤是否有毒。有一个故事就说，有一个不怀好意的后娘为了毒害丈夫前妻所生的儿子，就在他们的饭里下了毒，小心的哥哥就用母亲遗留给他的一双银筷子搅动食物，结果银筷子很快就变黑了，兄弟俩就不吃后娘做的饭，这样逃过了一劫。

白银能防止感染，防止细菌生长，加速伤口的愈合是有根据的，李时珍在《本草纲目》中记载，银具有"安五脏、定心神、止惊悸、除邪气"的功效，可见戴银饰品对人体有很多好处。

三　马具及功能

（一）马具

彝族人用白银制作的马具分为生活中用的马具和战争中用的马具，即轿鞍和马胄，这样的分类也体现出它们的适用范围及其功能。

用白银制作的一套马具包括银马鞍、银马镫、银障泥、银颈鬃、银马铃、银当卢、银辔头等。

马鞍从马体的部位来说，由相对独立的三部分组成：第一部分是马鞍，包括鞍桥、鞍鞯、鞍翼、障泥，及延伸部分马镫、鞘带等，有些还包括胸带；第二部分由银颈鬃、银马铃组成；第三部分是由常说的"马笼头"组成，"马笼头"部分包括当卢、节约、络头、镳、衔（马嚼子）、缰等。

银马鞍的制作过程为：首先用优质的大山茶木做出马鞍的胎体结构和外形，然后精心打磨马鞍坐面、弧度、线条和边缘轮角，使马鞍表面和任何轮廓都平整光滑、轮角圆润，之后用厚薄相等的优质牛皮绷紧蒙住外层，牛皮与马鞍木胎之间要严丝合缝，把牛皮平整紧密地固定住，待木胎牛皮干透，再多次反复打磨，使之光洁如丝绸缎面。之后贴银板银材，在银板银材上用雕刻、錾花、镶嵌、包银、抛光等工艺，制作出精美的纹饰图案。还有一种银马鞍不用木胎结构和绷皮，整个马鞍由全银打造，并在马鞍鞍体运用雕刻、錾花、镶嵌、包银、抛光等工艺，制作精美的图案与纹饰。

彝族马具中，马鞍的外形、样式与其他民族的不同，制作工艺包括工序、流程也有区别，外表的纹饰图案也富有特色。彝族银马鞍不仅马鞍部分、颈鬃部分，马笼头部分，即当卢、络头等的形状和结构也与其他民族的不同。在整个马鞍结构中，除了马鞍部分，彝族十分注重障泥、颈鬃、马笼头部分的制作，特别是银障泥、银颈鬃、银当卢部分的设计和装饰，外形独具彝族工艺特色，又如在马额头及整个马脸的正面及当卢位置，用黄金、白银制作精美的图案和纹饰，并镶嵌各种宝石，使整个当卢、辔头、络头都显得高贵华丽、风格迥异。

（二）功能

轿鞍系列马具，在婚礼（新娘的坐骑）、丧葬（老人去世送葬时的"葬礼仪式"）、重大的节庆（火把节时的"赛马"）、集会（蒙格时的"赛马"）、宗教仪式（毕摩撮毕仪式中的"转棚"仪式），彝族人特有的节庆集会时机，隆重的社交场合，无论是主人还是客人，能牵出一匹骏马，再给骏马备上一副精美名贵的白银马鞍，策马扬鞭，正是张扬自己个性，体现人生价值，甚至被认为是光宗耀祖的辉煌时刻。可见其功能价值之巨。

除了轿鞍还有马胄，马胄顾名思义，主要用于战争中，由于过去彝族是把战争神圣化、庄严化的民族，在战争中"视死如归"，所以经常把参加战斗当作自己人生最辉煌的时刻，如果战死，也要让自己死得有尊严，所以参加战斗时常常把自己打扮得非常华贵，甚至张扬。如果是骑马参加战斗，马匹也是全身披挂，讲究的就是以黄金或白银做马胄。当然，凉山彝族人是一个在平常的生活充满焦虑和忧患意识，但是又能客观地面对生命的交替，当真正面对死亡时又能泰然处之，"视死如归"，甚至以华丽的衣着，从容的态度，理智的头脑面对死亡。所以，无论是在战场还是在节日、婚礼中，都会交替混合出现用于生活中或用于战场的华丽异常的服装首饰和雍容尊贵、熠熠生辉的生活常见的金银马具与战争场面出现的马胄。

民间有许多珍贵的马鞍、银蓑衣以及其他珍贵物品都是出自黑彝贵族之手。如银饰制作技艺精湛，已经被评为为数不多的"四川省非物质文化遗产彝族银饰手工制作传承人"的尔古沙日也坦言，到目前为止，他还没有制作过"银马鞍"和"银蓑衣"这样的彝族银饰制作精品，一是要求银饰马鞍、银蓑衣的制作技艺十分精湛，还有就是人们对银马鞍、银蓑衣这些银饰制作精品已缺少展示的条件和机会，也就失去了拥有它的奢望。]

四　宗教用具及功能

毕摩和苏尼是凉山彝族原始宗教中的祭师和巫师，毕摩法器中就有许多银饰器物。毕摩头戴的斗笠，彝语称之为"勒乌"（法帽）。"勒乌"是用金竹编成斗笠，在斗笠外面蒙一层黑色的羊毛毡而成。一个人头戴"勒乌"或背着一顶"乌图"表明自己是一个毕摩，这个黑色竹笠就是毕摩的标志。如今，毕摩的"勒乌"也发生了一些变化，一些追求外观华丽的毕摩，开始在自己的"勒乌"上包贴或装饰银饰。"勒乌"上的银饰点缀在黑色羊毛毡面上，一般是两组或四组对称，这些银饰羊角、太阳、矛头、火镰等图案构成一个整体，构图紧凑，造型古朴，白色的银饰与黑底羊毛毡形成强烈的视觉反差肃穆而大方。除了毕摩的"法帽"，毕摩的"乌图"（签筒）历来都是毕摩的重要法器，所以"乌图"的制作都十分精美。"乌图"的筒体一般用木头或黄铜材料制成，常用白银"包银工艺"包裹，或白银包裹再"镶嵌"珊瑚、玛瑙等宝石，使"乌图"显得神秘珍贵。除了"乌图"，毕摩最重要的一件法器就是"毕居"（法铃）。"毕居"由白铜或纯银打造，纯银打造的"毕居"，在毕摩缓慢摇动时会发出低沉而清丽，庄重而柔和的"银铃般的声音"，银铃特有的声音表现出毕摩自身沉稳仁义、救苦救难、消灾驱邪的责任和法力以及魔幻般的音响效果。

银饰的"乌图""勒乌""毕居"等毕摩法器，它们既是毕摩神圣的驱鬼祛邪的制胜法器，也是制作精美华丽的银饰精品。

第四节　银饰的特征

一　民族性

彝族尚银，因此，人们不惜用各种银饰妆扮自己。

凉山彝族银器图案与凉山彝族漆器图案相似，其图形图案来源于彝族人对自然的图写和人们在劳动生产中对生活的观察记忆，反映出彝族人对自然的认识和自身的生活状态。比如大多数银器图案的纹样表述的是诸如太阳、月亮、飞鸟、虫蛇、花朵、叶片等自然物纹样。与木质等漆器印象不同的是，银器图案中对于自然界动植物细节描写较少，更多是对动植物全貌的描绘。大多数银器运用点、线勾勒出几何图形，作为银器制作中常见的基本图案。这些银饰图案多呈抽象的几何图形，但非常注重雕刻及明暗效果的对比。再者，与漆器不同的是，银器图案的花纹会因为银器形状不同而存在差别，其纹饰手法有阴刻、镂空、镶嵌等，较之漆器有了很大的进步。

凉山彝族银饰已形成了民族性、区域性的银饰风格，因每件银饰上突出了民族特色。彝族男子佩带的银饰非常简练，如凉山彝族男子喜欢在左耳佩戴大而粗的银耳环，或粗而长的银链，如凉山布拖、普格一带的彝族男子就喜欢左耳佩戴一根又粗又长的银链。凉山彝族男子有戴手镯和戒指的习惯，其中又特别喜欢佩戴银戒指，银戒指在这里完全是装饰作用，与婚姻没有关系。许多彝族男子认为，佩戴银戒指能给自己带来财运和福气。

当然，凉山彝族女性对银饰的喜爱程度就更不用说了。可以说，凉山彝族女性从头到脚几乎都被银饰所包裹。如头顶的银饰"日玛尔布"（小竹笠）、"哦而"（妇女戴的帽子）、银凤冠、银额饰、银簪子、银耳环、银耳坠、银耳链、银领牌、银领扣、银领泡、银项圈、银项珠、银胸牌、银背牌、银挂件（银针筒等）、银纽扣、银手镯、银戒指、银脚铃等。这些银饰都富有彝族特色，如女性的银质耳环、耳坠，多为莲花形、圆星形，也有月牙形、菱形的。图案花纹动感十足，另类别致，流露出她们对美的追求，表现出彝族人的图腾崇拜和自然崇拜文化。可以这样说，一个盛装的彝族女子，从头到脚，映入你眼帘的尽是琳琅满目、熠熠生辉的银饰。

彝族人对银饰制作的态度还有一个民族性的特点：喜欢自己拿出祖传下来的银锭到银匠那里"私人订制"银饰。因为他们认为"私人订制"一是独一无二的，它既凝聚着银饰订制者对自己家藏银锭的信任，甚至包含了对父辈祖辈的亲情认同和怀念之情，认为这种方式有特殊的意义。二是品质有保障，纯手工打造，可以知道银饰制作过程，能够倾注自己对银饰器物的情感，体现自己的审美情趣，能够表现个性。三是能够亲临或参与家庭作坊的银饰制作技艺的过程，保证银饰制品的质量和艺术含量。

总之，彝族地区银器的形制特点和纹饰风格与其他民族银饰的形制特点和纹饰风格迥然不同。

二　审美性

在汉语里常说"金银、金银"或"黄金白银"，把金子排在银子的前面，但凉山彝族人的表达习惯恰好相反，凉山彝族人常说"曲诗！曲诗！（银金、银金）"，把银子排在金子的前面。如石尔俄特："带上九束银勺，带上九束金勺，驮了九驮银沙，驮了九驮金沙。"石尔俄特就是把银子排在了前面，把金子排在了后面，看来彝族老祖宗从石尔俄特开始就首先喜欢上了银子。从审美上看，白银这种贵金属华而不俗，美而不艳，无需张扬，暗自高贵，比较符合彝族人的民族性格，在彝族格言里就充满了对银子的美丽、尊贵的赞叹和对彝族女性佩戴白银首饰时的赞美。

彝族人的银饰和银器在外表装饰方面注重朴实的意境表达，简洁的审美情趣，如在银饰类的银胸饰、银背饰以及银器类的银马鞍、银酒具等器物上细节的表达，阴雕阳刻出如羊角、牛眼、鸟花、鱼虫、日月、山水的纹饰，在象形的基础上再审视器形表面的效果，细微处凸显大气，精巧别致中构成整体，从而达到构思巧妙、造型传神、图案精美、线条细腻、做工精湛的效果，独树一帜，奇异迥然，尽显富贵。

彝族工匠们以独特的审美原理，除了在银器饰品的造型上注重大形轮廓整体和谐外，还注意物体造型上的空间形式和线条的流畅。凉山彝族银饰拥有的原始艺术魅力、深邃的文化底蕴和清新自然的风格正是彝族审美的具体表现，他们用这些华美富贵、造型传神、图案精美、线条细腻、做工美观的银饰，向世人展示出凉山彝族不同地域的独特的风俗民情，述说着古老的故事，表现出独创、唯美、辉煌的银饰文化。

从装饰美学的角度看，银饰高贵典雅，雍容华贵，韵味别致。它以其细腻的线条、巧妙的构思、传神的造型、天然的情趣，充分展现了服饰、银饰与人三位一体的完美组合。一套少数民族的盛装，也体现了这个民族独特的审美意识。彝族人男女大气的服装款式，修长摇曳的披风裙摆，简洁明快的色调搭配，素雅低调的衣着风格，搭配上雍容华贵、精美绝伦的银饰，形成强烈的视觉冲击，让人们在视觉感观上感受到了彝族文化在工匠技艺、形式风格、意境追求等方面的美学特征。这些表现形式充分展现了彝族人在服饰和银饰上丰富的想象力和艺术创造才能，也体现了这个民族鲜明特有的审美观，彰显了凉山彝族民间银饰工艺鲜明的民族文化传统和独特的审美情趣。

三 流变性

彝族银饰在保留传统的过程中，也不可避免地在发生流变。一是新的银饰形式的产生，一是传统银饰风格的改变。比如布拖彝族妇女头饰中的"哦尔"（帽子）。按照凉山彝族民间习俗，彝族女性未婚少女戴"哦发"（如圣乍地区的"哦发"，俗称"瓦盖"，依诺地区也称"帕子"），到女性结婚成家生了小孩后，改戴"哦尔"（荷叶帽）。在布拖、普格等所地地区，已婚女性改戴的"哦尔"外形与风格不同于依诺、圣乍地区的，所地地区的"哦尔"是用竹篾条变成轮廓框架后，外面蒙上黑布形成的圆盘帽。佩戴"哦尔"的意思是女性已初为人母，力求庄重严肃，母仪天下。但是近年来，所地地区出现的"哦尔"发生变化，不仅里面的竹篾轮廓和外面蒙的布都变大变高，还在外面点缀了银饰，而且越做越大，银饰也越做越密，甚至整个"哦尔"层层叠叠完全由银饰构成，其重量也不断加重，多数新制作的银饰"哦尔"不用手扶，已不能正常戴住。张扬个性、追逐时尚、追求奢华是年轻姑娘的权力，但一个女性结婚成家，成为妇女以后，操持家务、相夫教子，连衣着都要发生改变，基本远离了时尚。不适合再佩戴如此张扬的银饰，从这个角度来看，银饰在女性年龄段的界限在发生变化；反过来，过去平淡朴素的"哦尔"，现在被改变成层层叠叠由银饰构成的、华丽张扬的"哦尔"后，不仅是"孩子的母亲"佩戴它，连未生育小孩甚至未婚的少女也佩戴它，这已成为一种跨界的时尚也是彝族妇女头饰流变的具体体现。

凉山彝族银饰除了发生了流变，还有兼容的现象。例如彝族女性的项饰方面，项饰或颈饰方面是很丰富的，它几乎是女性银饰的代表性领域。过去彝族妇女都佩戴宽大四方的"曲盖"（银领牌），领牌，彝语就叫"盖"，有"曲

盖"（银领牌）、"诗盖"（金领牌），用银制作的"曲盖"更多，佩戴也更普
遍，所以，一般说"盖"多指"曲盖"。佩戴银领牌让彝族女性雍容华贵，富
有贵族气质。所以，过去一直是银领牌一枝独秀。后来出现了"阿火盖"（金
阳，彝语也叫"阿火金阳"，主要流行于金阳和金阳对岸的云南彝族地区，由
金阳流传过来而得名），"阿火盖"由1枚或上下排列1～3枚银领扣组成，它
一改宽大四方的传统领牌风格，佩戴舒适柔软，颇受赶时髦的年轻人喜爱。"曲
盖"（银领牌）与"阿火盖"（银领扣）是两种完全不同风格的领饰，但"阿
火盖"并未完全取代"曲盖"，两种风格的银饰同时出现应当说是一种兼容
现象。

四　活态性

　　丰富多彩的彝族传统物质文化遗产，是彝族人民千百年来创造发展的产物。
今天，随着社会的飞速发展，许多新科技、新观念、新的生活方式层出不穷。
这些新的创造、新的发展既萌生于传统当中，又不断地积淀成为新的传统，不
断地产生新的习俗。不可否认，由于生产生活方式的改变，有一些传统的物质
文化遗产不能适应今天的社会生活环境，所以这些传统物质文化遗产在人们的
身边逐渐消失。有些传统物质文化无以传承，只能在博物馆里找寻，这让我们
既感到十分遗憾，又是不得不面对的事实。

　　所以，有许多彝族传统物质文化遗产需要我们去关注，去继承、去保护，
尽量避免让更多的彝族传统物质文化遗产成为博物馆里的一个实物，一段演示，
甚至一张图片。值得庆幸的是，凉山彝族文化遗产中重要的一个方面——彝族
银饰，至今仍然活态地在凉山彝族地区保留、存在和传承。在阿都所地的布拖、
普格，在依诺木地的美姑、雷波，在圣乍木克的昭觉、越西，以及在甲古甘洛
的每个村落，仍然能听到银饰工匠精心打制彝族银饰时传出的"叮叮当当"的
金属撞击声，见到师徒相授，炉火、身影晃动的情景。

　　至今，在凉山彝族腹地，在彝族婚礼的殿堂，在彝族选美的现场，在毕摩
祭祀的仪式中，仍然能看到头顶银饰，头插银簪子，额当银头饰，颈围银领带，

领扣银领牌，前胸挂着银胸饰，后背披着银背饰，腰挂着银包，手腕戴银手镯，手指套银戒指，一身锦绣衣装，一身银饰打扮，既色彩艳丽又银光闪闪的彝族姑娘。

彝族银饰仍能大量地应用于生产、生活中，令人欣慰不已。从银饰制作技艺的存在到工匠的存在，再到人们佩戴银饰习惯的普遍性，都体现了彝族银饰手工制作技艺和穿戴现状的活态性。

我们今天保护非物质文化遗产，不是为了强行保存已经过时的风俗习惯或传统技艺，而是尊重我们的历史，尊重我们祖先的创造，尊重社会历史的自然发展规律，让这些非物质文化遗产活在当下，并从中寻找持续发展与创新的灵感与力量。

彝族传统物质文化遗产应当在生成发展的环境中进行保护和传承，在人民群众生产生活的过程中传承与发展，这种活态的传承才能达到非物质文化遗产保护的效果，它区别于以现代科技手段对非物质文化遗产进行"博物馆"式保护或用文字、音像、视频的方式记录非物质文化遗产项目的方式。

第五节　银饰的价值

一　银饰的经济价值

白银独有的优良特性和贵金属特征，后来和黄金一样作为货币流通。过去，白银银锭有时还是彝族富贵人家显富作秀时的道具。比如有些彝族贵族，在家里来客人时，让仆人故意把自己贮藏的银锭装进"摩莫"———一种竹斗或口袋里，然后倒进家里平时装贵重物品的大木柜里，当银锭倒进木柜撞击木柜而发出"咚咚咚咚"的响声时，主人家就会露出得意的微笑，客人也会发出啧啧的赞叹，赞扬主人家的富有。彝族人把银子当作重要的财富由来已久，白银与生俱来的经济价值自不待言，然而把喜爱的又有经济价值甚至货币价值的白银打造成各种银饰，又产生了更有意义的文化、艺术、审美等附加价值，特别是经过高明的工匠精心制作加工后的银饰，其价值又得到了进一步升华。

彝族银饰是一种大众都能接受的奢侈饰品，它很受人们的喜爱，甚至是彝族家庭必备的奢侈物品。银饰有一种神秘的张力，当穿戴在彝族姑娘身上，特别是和大气、庄重的彝族服装配搭起来时，立即让青年男女有了别样的气质：脱俗的、不羁的、异域的、风情味十足的味道，更重要的是，银饰明亮灿烂而不矫揉造作，雍容华贵却不恣意张扬，低调中显高贵，高贵中不艳俗。从另一个方面来说，银饰制品如戒指等几十元的普通小件很多，如果不是大件，一些小巧精致的彝族银饰便宜的才几十元，贵的也就上千元，大家都能承受得起。当然，如果要制作如"曲俄而"（妇女帽子）、"曲乃嘎"（银胸饰）、"曲窝嘎"（银背饰）、"曲硕波"（银蓑衣）、"曲木阿"（银马鞍）等大件精美的银饰，那就另当别论了。如制作一副银胸饰，通常要花 10 天左右的时间。一套制作完毕的银饰，包括头饰、项饰、耳饰、领饰、胸饰、背饰、手饰、挂件、足饰等，这些穿在身上雕刻精美、图案复杂的银饰，虽然都是用薄薄的银片打造而成，但是一套银饰制作下来也有十多斤重，现在有的甚至二三十斤重，加上打造工艺需要精工细作等，价格高达近百万元。

从经济价值来说，银饰对社会经济也是有巨大贡献的。比如从同村威色赤布手里学得银饰制作技艺的越西县乐青地乡瓦曲村的海来国忠，靠银饰制作技艺，在当地已发展成了银饰制作技艺大户。现在，海来国忠的银饰制作作坊雇着 10 个小工，专事制作银饰产品的"零配件"加工，工钱的多少则依不同的技术含量而定。单个配件的工钱少则百元左右，多则七八百元，甚至上千元。像海来国忠这样的大户在瓦曲村目前有 3 户。这种"大户老板＋农户小工"的模式已在西昌、马边、峨边等地广受效仿。海来国忠说，目前在西昌上顺城街开店的威色伍合、威色阿合、海来阿木、海来古尔、阿合、古且、阿说约达、威色瓦瓦、沙马阿呷、格吉赤且、两个阿木家等 10 家大户都是从瓦曲村走出去的，采用的也都是这种"加工＋销售"模式。2013 年，瓦曲村全村靠银饰加工和销售人均收入已达到 4980 元，其中不乏年收入超过 10 万元、20 万元的家庭，银饰加工销售已成为这个村的一项支柱性产业，使村民们真正过上了健康文明的富裕生活。

又如布拖县乐安乡坡洛村的勒古沙日，从他本人及儿子、儿媳、女儿、孙子等，一家人几乎都在从事银饰制作这门技艺。依赖这门技艺，他们家早就过上了致富小康的生活。2010 年 5 月，由国家文化部与台湾台北市联合举办的国家级非物质文化遗产项目赴台湾台北市展演，勒古沙日随团展演历时 10 天。在台北市现场展演彝族民间银饰技艺期间，受到了台北市广大群众以及来自世界各国游客的热情欢迎，很多游客纷纷前来试戴和购买。在展演第一天就被台北市民买走了价值 1.28 万元新台币的彝族银饰。

二 银饰的文化价值

佩戴银饰属于一种文化习俗，在彝族社会生活中具有传统意义，是一种文化表现载体。

由于彝族历史上游牧民族传统文化的基因关系，其较少使用陶器、瓷器等易碎物品，习惯使用木器、竹器、皮器，以及金、银、铜、铁等金属用具，在一般情况下，彝族人更多时候使用由木器为胎体的漆器，比如红黄黑三色为基调的丰富的漆器是彝族人具有代表性的日常使用器物，所以有人甚至说凉山彝族社会是一个"木器时代"。

用黄金和白银制作的器物、首饰不完全是彝族人生活中的必需用品，但它是常见用品，也属于奢侈品。除了已发展到漆器艺术性质的"木器时代"以外，彝族社会已经广泛地使用以"铜""铁""银"以及"黄金"品质的金属器皿器物。从民间存在或是历史文献反映的频率来看，这些金属中，最受彝族青睐的还是"铜"和"银"两种金属。比如彝族神话传说中的英雄支格阿鲁，他就是头戴铜盔，身披铜铠甲，左手拿铜编的网，右手紧握铜手杖，与天斗、与地斗、与妖魔鬼怪斗、与毒蛇猛兽斗，为人类开辟了美丽的家园。随着彝族社会的发展，彝族人不仅使用铜金属，也使用白银、黄金，特别是白银，更是被应用于彝族社会生活的方方面面，它不仅仅如漆器那样用于餐具、酒具、马鞍、铠甲方面，使用的广泛程度多于漆器，有些方面还超过漆器，如戒指、手镯、挂件、烟杆、铠甲和蓑衣，以及一整套的女性首饰、一整套的男性甲胄、一整套的马具等高档名贵饰品，而且比木质、皮质漆器造型更丰富，更有立体感，也更有质感。

白银银饰、银器的精美存在，体现了彝族人对白银、白银首饰、白银器物以及由白银制作、装饰工艺形成的白银文化的偏爱和喜好。在彝族地区的县城、乡村，每当各式彝族服饰的出现时都让人眼前一亮，仔细观察，大多数彝族女子都穿戴银饰，格外漂亮。从这些银饰制作技艺、制作作品中，都可以感受到这些银饰透射出的彝族文化的纯洁与质朴、厚重与古老，也反映出这项传统技艺的群众喜好和感情基础，具有很强的保护性和不可模仿性。

第三章　毕阿史拉则传说

第一节　毕阿史拉则传说概述

毕阿史拉则属于元朝时人，而"元朝是毕摩发展史上的一个划时代的阶段"。毕摩从部落政治首领"鬼主"中分离出来，专职于祭司，更曾专门从事彝族经典的编撰工作，因此，这是一个彝族文化大为繁荣的时代，毕阿史拉则大致是这个具有划时代意义的时期中的一个彝族文化领域代表性人物。

有关毕阿史拉则的传说故事很多，但说法不一。据说毕阿史拉则育有一儿一女，儿子叫拉则格楚，反应迟钝，呆头呆脑；女儿叫拉则史色，天生聪慧，机智过人。毕阿史拉则为了使其毕的知识和技能后继有人，因而大胆破除彝族传统的毕摩文化传男不传女的清规戒律，让女儿女扮男装，经常带其学毕，周游于彝族地区。民间至今还流传着毕阿史拉则不畏权势，与兹莫斗争的故事，帮人们驱除熊、老虎、恶鹰，与水鬼斗智斗勇，给贫苦人做善事，并与学徒比法术，晚年潜心研究彝族文字，整理规范、增补编纂彝文宗教经典、传播毕摩文化，死后牵挂着后继有人的问题，就变成一只"洛诺果布鸟"（嘴巴像鹦鹉嘴的鸟），在山林里吐着血在一块石板上用它的尖嘴写字，教他哑巴的儿子拉则格楚学造字、写字等动听的传说故事。其传说故事传播范围之广，四川彝族居住的地方和云南操凉山彝语北部方言区的彝族对毕阿史拉则无人不知，无人不晓，都认为毕阿史拉则是彝族著名的大祭师、大神学家和天文学家，是彝族毕摩文化的集大成者和彝族文化的传承与发展者。因其在毕摩文化及其他多个方面的卓越成就，在彝族毕摩和民众中，名声比之前的阿都尔普和与其同时代的阿格系祖、阿克俄伙等知名毕摩更为被彝人推崇，是凉山彝族民间代代相传、耳熟能详的彝族大毕摩，成为在彝族民间资历最深、法力最强、威望最高的著名历史人物，并成为在创造彝族文字，整理规范、增补、编纂彝文宗教经典、传播毕摩文化等方面最有成就的大毕摩。

毕阿史拉则传说故事经民间口耳传闻和语言上的艺术加工，使他变得神乎其神。如"毕阿史拉则世，呼气则成风，眨眼则下雨，举手则雷鸣，投足则地震""一日咒山哗哗倒，一日复山巍巍立"（《颂毕祖·毕阿史拉则》）。尽管这类传说内容的描写不可尽信，但它却以一种曲折的形式反映了彝族历史发展进程中的部分真实情况和轨迹，使我们至少可以从中推断出一些大概的彝族社会生活及发展进程中的某些脉络和痕迹。

毕阿史拉则是凉山彝族曲涅部落阿陆家支（家族）人氏，是凉山彝族文字的创造者和彝族毕摩文化的集大成者，号称"毕摩宗师"，是传播凉山彝族历史文化的代表人物，也是凉山彝族传统社会中上通天文、下知人间百事的知识分子。彝语中所说的毕摩（bimox）是总称，彝语称"毕摩"，寓意其诵经的知识技能是大师级，"毕"是中级，而"毕惹"则意指初级，还有称"必觉"的是诵经能力最差者的简称。彝语叫"章毕阿热""章木阿热"的是最高级，类似于现在的硕士、博士、博士后。"毕"在凉山彝语中意为"念"或"诵"，"阿史拉则"是属彝族的父子连名制的通称。"摩"意为"长者或师者"，意指"知识技能丰厚"。如果把"毕"与"摩"连在一起便是"念诵经文的大师"之含义。

关于毕阿史拉则的出生地，彝族民间说法不一。有的说毕阿史拉则出生于江（金沙江）对岸的"木兹拉伙"（今云南省巧家县境），其妻为江对面的斯耿土司之女。据彝经《颂毕祖·毕阿史拉则》中的记载和民间传说，毕阿史拉则三岁立志，五岁从师学毕，八岁出师，九岁纳徒，为神童。成人后又施毕在四方，广交朋友，其足迹遍及川南大小凉山和云南巧家昭通等地。后在四川省美姑县龙门乡境内去世，享年80余岁；有的又说毕阿史拉则就出生于今四川凉山美姑县境内的吉特窝伙村，至今这一带还有一口井被公认为毕阿史拉则水井，还留存一处毕阿史拉则的屋基遗址，一片毕阿史拉则赛马地和毕阿史拉则的藏经楼等遗迹。凉山及与凉山相邻的川滇彝族居住地，都留下了毕阿史拉则游历经过的足迹，许多地方都流传着和他有关的地名遗迹、传说故事，尤其是在四川境内的大部分彝区和云南境内的中甸、宁蒗、华坪、永善、大理等彝区，更是家喻户晓，妇孺皆知。如此丰富的经历和多方磨炼，使毕阿史拉则更为见多识广，博学多才。因故迁居凉山后，先住于西昌邛海边的"吉留嘎街"（今西昌学院东校区），依附于勒格阿史家，所以，经常在西昌四周与当时居于现美姑县甲谷区的"利利格家"（即利利土司家）有往来，中年后，又迁至甲谷居住，后与"斯耶尔姑"（今昭觉县竹核区乌抛乡，与甲谷区隔江相望）的阿兹恩莫家有怨而移居今美姑县洛莫乡境内的吉特窝伙村，终故于此。

毕阿史拉则精通本民族的古籍，熟知本民族的历史、风俗、文化传统的技能，不仅创造彝族文字，继承发展彝族文化，而且在与其他民族的文化特别是宗教文化的交流中起到了积极的作用。他在世时，除了积极为上至土司，下至黎民百姓治病救人、禳灾祈福、盟誓神判、祭祀历算等救济善事外，还传授彝族语言文字和文化，是彝族地区有名的大知识分子。因此，他在彝族社会中历来享有很高的威望，千百年来深受广大彝族同胞的敬重，并把他的神奇传说故事代代相承至今。

毕阿史拉则在创造彝族文字的基础上，整理规范、增补、编纂了一大批彝文宗教经典，为传播毕摩文化和彝族文化做出了突出贡献。据说，经毕阿史拉则编纂的主要经书作品有《驱鬼经》《红狮逐敌经》《赤狐经》《驱逐猴瘟经》《驱痨经》《乌撒逐敌经》《俄迪逐敌经》《神禽经》《难字经》《赎魂经》《指路经》《十二生肖起源经》《送魂经》《指路经》《咒鬼经》《送灵经》《唤魂经》《君臣迁徙史》《贵族谱牒史》《灵水经》《福禄经典颂》《土地吉祥经》《祖坟立碑经》《祈祷经》《灵牌经》《烧石经》《水魂经》《阴阳地界经》《祭祀经》《风雨经》《灵魂升空经》《毕摩经典经》《颂酒经》《治病神语经》《地基永恒经》《金银闪光经》《域外天地经》《山区安祥经》《日月昼夜经》《毕摩祖传经》《从者哈木里》《牛阿牛里则》《阿举斯木里》《解古驰达则》《武低武撒则》《拉里革玉则》《索它旺理则》《德尔输窝则》《积史匹自则》《比尔汪木几》《喜合特依》《则克特依》《丘布卡哈则》等，大约八百多万字。这些文献集成了彝族古代的语言、文字、哲学、历史、谱牒、地理、天文、历法、民俗、伦理、文学、艺术、医学、农学、技艺等，给后人留下了宝贵的文化财富，同时，为彝族的宗教学、哲学、史学、文学、医学、天文学、民俗学等研究方面提供了弥为珍贵的第一手材料。它是中华民族文化遗产的重要组成部分，也是彝族文化一颗璀璨的明珠。

一　毕阿史拉则传说及其分布区域

四川省凉山彝族自治州，位于青藏高原东缘横断山脉北段向四川盆地的过渡地带，北起大渡河，南临金沙江。这里有陡峭的山势，突兀的群峰，奔流的江河，磅礴的大山，美丽的高原，星罗棋布的高原湖泊，是中国最大的彝族聚居区，堪称"中国彝族原生态文化博物馆"。毕阿史拉则传说主要分布于北纬22°~29°，东经98°~106°之间的云贵高原、横断山脉峡谷区和青藏高原东南边缘，除及四川盆地西南边缘，除金沙江南北两岸的凉山彝族自治州的十七个县（市）以外，其中保留最完整、民族风情最浓，最具原始活态性的当属四川省凉山彝族自治州。毕阿史拉则传说主要分布在凉山彝族自治州美姑县、昭觉县、金阳县、布拖县、普格县、喜德县、冕宁县、越西县、西昌市、宁南县、德昌县、会理县、会东县等，四川乐山市的峨边、马边，甘孜州九龙县、泸定县，汉源县的九襄，云南的昭通地区和云南境内的中甸、宁蒗、华坪、永善、大理等，贵州的威宁、赫章等，为毕阿史拉则的重点分布区。据传，美姑、金阳两县曾是毕阿史拉则重要的活动区域之一，毕阿史拉则传说中许多部分就在这些地区产生。其传说故事，以依诺方言和金阳彝语土方言，流传于四川省凉山彝族自治州彝族聚居的美姑、金阳两县的4个镇 30 个乡（天地坝镇、派来镇、芦稿镇、对坪镇、桃坪乡、热水河乡、马依足乡、红峰乡、尔觉西乡、热柯觉乡、甲依乡、木府乡、寨子乡、则祖乡、基觉乡、小银木乡、春江乡、红联乡、青松乡、放马坪乡、梗堡乡、山江乡、洛觉乡、向岭乡、谷德乡、高峰乡、老寨子乡、德溪乡、南瓦乡、依莫合乡、土沟乡、丙底乡、依达乡、丝窝乡）的彝族村寨。其名声远可以比释迦牟尼和耶稣基督，近可以比孔孟老庄等历史人物。

毕阿史拉则的传说及其卓越成就，在彝族毕摩和民众中至今还有很高的威名和知名度。其谱系至今已传 30 余代，以传统习惯 25～30 年为一代计算，毕阿史拉则传说距今已有近千年的历史。

凉山彝族自治州民主改革（1956 年）以前，凉山因其特殊的历史、社会、地理等原因，许多地方的民间毕摩给老百姓作清洁祈求活动时，常常行走于羊肠小道，从山道日行需要 50 公里。彝族在历史上曾经历过人类社会发展的不同阶段，同时受各地环境的不同及受周边各民族的影响不同，有的发展较快，有的发展慢，使凉山许多地方的彝族和外界交往极其有限，形成了独立完整的原生态文化圈。

毕阿史拉则在拯救生命，弘扬毕摩文化，促进文化交流，完善作毕过程中，吸收了不同派别的文化，取长补短，去粗取精，进一步丰富了自己的文化知识，升华了毕摩文化内涵。到了晚年，他主要潜心研究、规范毕摩文化，创造发明了赎魂作毕仪式。当时的作毕仪式主要以超度送灵、以猪胛骨祭祀的"路上方"为主，而当时疾病流行，作毕驱鬼，治病救人，所花的费用极高，一般人家无法承受。当时的作毕仪式很复杂，其中有古侯系后裔的阿格索足派和亚古苏布派（沙马曲比）等主张用"路上方"，为此，毕阿史拉则根据彝族信仰万物有灵观和自己高超的学识，独创了较为简化的"路下方"宗教祭祀仪式（即赎魂术）。这种赎魂仪式，程序简单，花费又少，且能达到毕的目的，一般人家都能接受，故广受欢迎，这种仪式也因此延续至今。

毕阿史拉则又是凉山彝族历史上威望最高、法力最强、影响最深远的四大毕摩之一。至今民间毕摩在给老百姓祈求保护神时都要深情呼唤毕阿史拉则的神力来帮他助威，增加其毕的神力，这也是对毕阿史拉则的典型崇拜。其主要内容有三个方面：一是各种祭祀用的都要杀牲，以酒肉祭毕阿史拉则，祈求威力，拜访亲友，互祝平安；二是民间彝族毕摩在驱鬼念经或送灵归终（宗）等宗教仪式上都要借助毕阿史拉则的威名来呐喊助威；三是在一年一度的彝族安神祈求避邪驱灾等活动上，人们都齐集在篝火旁，通宵达旦地尽情唱诵颂扬毕阿史拉则的祭祀歌、跳舞，呈现出对毕阿史拉则的崇拜，这是整个彝族对毕阿史拉则文化认同的典型表征，其所高度宣扬的向往光明与热爱生活的思想，长久、深刻地影响着彝人的理想信念，规范着彝人的社会行为，并对彝民族社会的和谐发展产生着重大影响。

二 毕阿史拉则传说传承人的存续状况

关于毕阿史拉则的世系，据彝经《颂毕祖·毕阿史拉则》中记载的毕摩谱系源流和毕阿史拉则子孙的口传谱系，自彝族六祖之一的糯祖慕雅卧起，到著名的阿嘎丘尼世有 15 代，自曲涅起到毕阿史拉则的世系为：曲涅→母次→甘甘→根根→勒红→阿必→伟史→俄母→阿领→都吉→阿母→等绍→阿研→恒迪→海啊→井母→曲补→史楚→乍穆→比研→比苦→阿窝→利伊→阿曲→嗽嘛→乍争→伙争→海普→海阿→母乌→日乌→日阿→乍穆→阿日→阿领→阿次→阿色→阿海→阿都→尔普→吉牧→乌啊→阿尔→凯凯→阿布→嗽思→阿者→必俄→必迪→比苦→比苏→毕阿史拉则，共 51 代。

自毕阿史拉则起，其子孙世系为：毕阿史拉则→格楚→格易→格果→阿兹（到此世迁入现美姑县典补乡的陈兹以纵居住）→伊尔。由伊尔分出三子：长子为毕直，是今阿鲁家之祖，分布于美姑、雷波、昭觉、越西、布拖等县；次子为陈兹，是今吉曲、吴奇、吴其曲比、毕直、磨手、阿根等家支，除部分吴其曲比分布到甘洛、峨边、雷波外，其他家支都居住于美姑县境内；老三为吉批，是现索体甲拉、青吉、瓦苦、吉克、马达等家支，除吉克遍居凉山外，其余皆分布于美姑县境。以吉批系索体甲拉支之谱系来看为：伊尔→吉批→吉莫→比曲→俄宙·比克·阿梯→阿易→阿根→绍母→绍体→甲拉→俄洛→俄耻→你者→尔史→母者→阿伙→普祖→兹突→体哈→耿佳（住于今美姑县瓦古乡古觉村，有一子）。从耿佳之子上溯至毕阿史拉则为 28 代，以每代 25 年计，到 2016 年猴年，毕阿史拉则为约公元 1295 年前后的元朝后期人。以陈兹系吴奇家和比直系阿鲁家的毕摩谱系计算也与此相当。

第二节　毕阿史拉则传说的基本内容

毕阿史拉则有很多传说，特别是在成人后游毕四方，在其游毕途中和在其游毕的过程中，留下了很多脍炙人口的民间故事。这些故事，在彝族毕摩和民众中广为传诵，成为人们怀念这位法术高明的毕摩宗师的一种慰藉。这里特选几则在民间广为流传，人们饭前饭后津津乐道的故事。

毕阿史拉则传说之一

相传，有一次，毕阿史拉则父女游毕经过斯易尔姑（美姑大桥乡所在地）的阿兹恩莫家地盘时，斯易尔姑地势十分险要，山高路陡、巉岩四起，有条河流从此经过，河水湍急，河上只有一座独木桥，是人们必经之路。阿兹恩莫前后娶了 3 房大小老婆，生育了 15 个儿子，于是他就仗势欺人，持着人多势众，地势险要的优势，霸占了此桥头，在桥头上故意设立了织布机，还派人把守，不管什么人路过此地，都要交纳过路费，否则就不许过，以此敲诈过往行人的钱财。

说起阿兹恩莫，为人非常残暴，无恶不作是相当出名的。在他管辖的地盘上，没有谁敢与他顶嘴说"不"字。当他得知毕阿史拉则父女，将要从他的地盘上路过的消息后，这个为人十分残暴的阿兹恩莫，就专门安排了许多妇女集中在毕阿史拉则父女的必经的路上，让他们"三年立织桩、三月立织机"，故意把织布机的两端线固定于两个高高的山头上，再把五颜六色的毛线像彩虹般布置于路上，蓄意阻挠毕阿史拉则从该路口上走过。

　　毕阿史拉则到来后，首先轻言细语地与阿兹恩莫商议，想通过此路口到他方去作祈求仪式。结果阿兹恩莫始终不同意，而且还向毕阿史拉则提出了许多苛刻的条件。毕阿史拉则被阿兹恩莫刁难得没法，最后只好施法力，让他祭祀用的法具从织布机上空飞过，父女俩则只好忍辱从妇女们布线的织机下走过（这意味着不洁净），结果毕阿史拉则的一些法器，因受妇女们的玷污，失去了些法力、有的法器在飞越过程中飞散流失。从此，毕阿史拉则与阿兹恩莫家结下了怨仇。

　　后来，毕阿史拉则跑到山顶上用金枝插在山头上，诅咒三天三夜后，抓起一把细沙朝阿兹恩莫家方向撒去，这细沙顿时变成滚滚洪流，把阿兹恩莫家倾巢卷起，阿兹恩莫因此逃跑了。据说，阿兹恩莫家从此就绝子嗣了。

（吉克伍沙　讲述）

毕阿史拉则传说之二

　　有一次，毕阿史拉则被兹阿俄蒲蒲邀请去作大型的送祖念经仪式，历时九天九夜，头三天请他作人畜兴旺方面的仪式，第四、五、六三天请他专门作五谷丰登方面的仪式，第七、八、九三天则请他专门给祖灵举行祛瘟逐疫的仪式。

　　其女儿史色由女扮男装随其左右，在念经时不慎暴露了女儿身份。被兹阿俄蒲蒲家的管家知晓了，管家将此情况告知于兹阿俄蒲蒲，兹阿俄蒲蒲得知后，非常生气，但转念又想后，显得极度地高兴。他生气的是，如此重大的送祖仪式让一个女人参与，这既违背了祖上的规矩，又亵渎了他祖先的亡灵；高兴的是，这天姿聪慧的拉则史色是送到嘴边的一块肥肉，把她拿下做小老婆不是一件美事吗？

　　兹阿俄蒲蒲想到这儿顿起歹心，欲杀毕阿史拉则而夺其女儿做小老婆。兹阿俄蒲蒲和手下的人正悄悄地做准备时，却被兹阿俄蒲蒲家的一个仆人（女童）得知了。平时，兹阿俄蒲蒲家没有把这个仆人当人对待，只有到兹阿俄蒲蒲家作毕的毕阿史拉则，才把她当人待，而且把毕摩祭祀神后的烧肉不时地送给她吃，仆人吃后心里充满了对毕阿史拉则的感激之情。

有天早晨，毕阿史拉则父女俩正在埋头作驱逐鬼神的仪式时，这个女仆忧心忡忡地来找毕阿史拉则，好像心中有件急事，想说出来她又不敢说出来。毕阿史拉则给她说，祭神的烧肉还没有出来，出来后一定给你留着，这个女仆听后光是摇头，又不肯说出来，毕阿史拉则问她有什么话要说，这女仆光是点点头。由于兹阿俄蒲蒲家有本《哈提特依》（即《百解经》），此书平常不显示文字，只要有人在明里或暗里悄悄地议论兹莫，甚至说不敬的话，不管是什么人在什么地方说的话都被它显露出来。兹阿俄蒲蒲依靠《哈提特依》，不知道杀掉了多少人。毕阿史拉则是知道这件事的，他看着这可怜的女仆后，顿时计上心来：立刻找来一个高脚木盉，里面装满水，再找一有眼的竹筐罩上，然后用一根竹筒插入水里，让女仆人用嘴含着竹筒告诉毕阿史拉则。那女仆说："主人家等你们作毕完以后要杀你，抢你女儿做小老婆。"女仆人刚把话说完，水里就咕噜噜地冒出一些泡。毕阿史拉则听说后，叹息着说："渡过了河就甩拐杖，念完了经就杀毕摩，世上哪有这种人。"但是，毕阿史拉则依然不动声色地作毕。

毕阿史拉则把原先的祭祖仪式悄悄改换成招兵仪式了：他朝着东西南北招神兵；他朝着天地招诸神来助阵；他招深山里的神，招水里的神……然后接着念《院坝起鹿经》。一切准备妥当后，毕阿史拉则就对兹阿俄蒲蒲说："兹莫大人呀，明天我就念完经了，不过有个预感，有一头枣色母鹿将流窜到你家的祭祖仪式上来，这是不好的预兆，如果你家能够把此枣色母鹿捉住，并用它来祭祀祖先的话，你家子孙会无病无痛，一切安康，五谷丰登，牛羊成群。你家一代更比一代强，如果捉拿不到此兽，将有不幸和灾祸降临到你家来，此兽已经玷污了你家的祖灵，届时给你家带来灾难，你兹莫大人不仅疾病绕身，四肢麻木，痛苦一生，而且你所管辖的地盘上，十户人家，会死九人。"兹阿俄蒲蒲十分傲慢地说："你不知道吗？在我的头上，不会有一篓云彩来遮光；在我的脚下，不会有点风声走动。一头母鹿胆敢来流窜，我不会放过它的。"于是兹阿俄蒲蒲就传话下去，各个路口上安排家兵手持弩弓长矛严加防守，做好了准备围捕枣色母鹿的准备。

　　第二天天刚亮，毕阿史拉则父女在祭祀的中央施出法力先引来云雾，笼罩在山头上，再呼风唤雨布满大地，把兹阿俄蒲蒲家周围的沟壑溢满了洪水，等到午时，毕阿史拉则在草偶上施法术，使他变成一对神奇的猎狗，对石头念咒语，让它变成一头枣色母鹿，在兹阿俄蒲蒲家的祭祀祖先的仪式上绕了三转，然后飞奔而去。兹阿俄蒲蒲亲眼看见这一幕，顿时傻眼了，便赶快下令，所有人都去追那枣色母鹿去了。家里只剩下女仆人，让她坐在门口看守毕阿史拉则父女。毕阿史拉则父女见机行事，先把经书和法具抛在墙外，同时口中默默念道："神签筒、法帽高空过，拉则父女穿门过。"然后趁机逃脱了。

　　兹阿俄蒲蒲家的人追了三天三夜，才把枣色母鹿围困在一个小山沟里，正当人们准备用弩弓和长矛射杀枣色母鹿时，枣色母鹿瞬间变成了一块石头，人们把这个情况禀报给了兹阿俄蒲蒲，兹阿俄蒲蒲这才知道中了毕阿史拉则的计，兹阿俄蒲蒲怒吼道："我们上了毕阿史拉则的当，赶快回去捉住毕阿史拉则。"等兹莫家的人返回来时，毕阿史拉则父女早已不知去向。

　　兹阿俄蒲蒲赶紧取出会说话的《哈提特依》来对它说："万能的书，请你快快告诉我，是谁走漏了我要杀毕摩的消息？"顿时书上只是这样显示："是一个高脚木盉走漏了消息；是一根没有结疤的竹筒走漏了消息；是一个多眼竹筐走漏了消息。"然后又显示出毕阿史拉则叹息的声音："渡过了河就甩拐杖，念完了经就杀毕摩，世上哪有这种人。"兹阿俄蒲蒲不听则已，一听气得火冒三丈，说："这本会说话的《哈提特依》已被毕阿史拉则施上魔了，赶快把它丢进火里烧掉。"

　　从此，彝族地区再也没有关于这本《哈提特依》的流传了。

　　毕阿史拉则父女从兹阿俄蒲蒲家逃回到吉特窝伙后，毕阿史拉则忍无可忍，便以一匹活马作咒敌的牺牲品，把马的下半身埋于地下，再用杉树丫、杉树杈（一半去皮一半不去皮）、杉树干和杉树叶，按照天体星座图，测定了一个对自己有利，对兹阿俄蒲蒲家有害的日子后，头戴法帽、手执法铃、肩挎法筒、身穿法衣，就座于首位，让他的几个毕惹（学徒）坐于下边，开始念经诅咒仇敌兹阿俄蒲蒲，经过十二天的诅咒后，曾想谋害毕阿史拉则的兹阿俄蒲蒲反而被毕阿史拉则咒死了。

（吉克伍沙　讲述）

毕阿史拉则传说之三

在昭觉县城的东边，有个地名叫竹核，竹核的山脚边有汪汪的泉水，而且很神奇：不管春夏秋冬，清粼粼的泉水，咕嘟咕嘟地往外冒，喝到嘴里又香又甜。天冷了，那泉水热气腾腾的；天热了，那泉水又凉幽幽的。涨水的天，泉水又不上涨，干旱的年辰，泉水又不见少。喝了那个泉水啊，彝家小伙子长得英俊，姑娘家长得漂亮，上了岁数的人还会返老还童，这样的温泉其他地方没有哦。此温泉系昭觉竹核群变质岩石构成，且陡山坡山脚是震旦系石灰岩所构成的缓坡。温泉清澈透明，有硫黄味，有祛病强身之功能。用温泉水浇灌水稻的话，水稻不仅长得快，而且味道特别香醇，很养人。

说起这个温泉的来历，有个美丽动人的传说，相传很早以前，竹核这个地方原先是一个海。

大约过了几百年，这儿没有了水，整个沼泽地四周就长满了茂盛的树木。有一年的秋天，毕阿史拉则父女俩和几个毕惹，被兹阿俄蒲蒲请去作送祖灵仪式，返回时路过勒莫竹核。父女俩走到勒莫竹核的半山腰时累得实在走不动了，就到一棵大树底下去歇一歇脚。这时，毕阿史拉则的女儿很难过地说："阿达，我口渴死了，能否找口水喝了才走。"毕阿史拉则说："傻丫头，这么高的地方，哪里去找水喝呢？你实在口渴的话就到山脚下的沼泽地里去喝一口竹依。"女儿说："不行，竹依喝了会使人变哑而且嘴巴也会歪斜的。"毕阿史拉则听了也觉得有道理，便想了一下说："那好吧，我只有另想办法了。"

说完，毕阿史拉则就把肩上挎的神签取了下来，对女儿说："快点把我的法帽和法铃拿来，然后再从第七十七‘黑科’（网兜）里面取出倒数的第三本经书来给我。”

女儿取出了经书，毕阿史拉则就戴上法帽，手执法扇，打开经书，开始念经。

念了三个时辰，毕阿史拉则就用法签筒向大树林的东侧往地上杵了一下，地上立即冒出了一股大腿般粗的泉水来。由于毕阿史拉则用力过猛，使法签筒深深地陷入地里，很难拔出。毕阿史拉则又使劲往外拔法签筒，法签筒迅速被拔了出来，毕阿史拉则的身子往西侧倾斜了一下，结果使法签筒的尾部触到了山的西面，于是山的西面又冒出了一小股温泉支流来。这样，竹核温泉和山泉水是由毕阿史拉则用法签筒杵出来的呢。

（吉克伍沙　讲述）

异文：

有一次，毕阿史拉则走到现今美姑县九口乡时，看见一农户孤苦伶仃的住在那里，膝下无儿无女。这对老夫妻欲宰杀一头猪给毕阿史拉则师徒一行吃。

毕阿史拉则在一边念经书，一时忘记了劝主人家，等主人家准备宰猪时，毕阿史拉则念完了经，并看见招待他们食用的那只小猪的前脚已经被砍了下来。毕阿史拉则同情这家膝下无儿无女的人家，于是叫徒弟把猪前脚捆绑在猪体上，然后拿起经书为老两口念起《生育经》来。

第二年，老夫妻生下了个儿子，可就是少了一只手。几年过去后，老夫妻俩千辛万苦找到了毕阿史拉则，求其想办法让孩子长出一只手。

毕阿史拉则看见该孩子聪明，于是又为这家老夫妻念了《长手经》，不到一年，孩子奇迹般地长出了另一只手。这个孩子后来成了兹莫，就是现在雷波县的阿卓兹莫（汉姓杨）。

再后来，即100多年前，阿卓兹莫家的后代自视甚高，看不起毕摩木克吉勒。木克吉勒被邀请去给阿卓兹莫家，即“久博合合色足家”念经，阿卓兹莫家就故意捉了一只母鸭子让毕摩木克吉勒给念经，并且说了一句带有侮辱性的话："木克吉勒父子仨毕摩，念不起一只永远断了脚的母鸭子之经书。"主人家用一只母鸭子让毕摩念经书，这对彝族毕摩来说是最大的侮辱。木克吉勒父子仨毕摩不吭声地按照经书念完了经，并且离开阿卓兹莫家时说了一句"三年后无后代"。

殊不知，毕摩木克吉勒是毕阿史拉则嫡传弟子的后代，有毕阿史拉则的真传，阿卓兹莫家到了阿哈这代人时，果然只有一个女儿，阿卓兹莫一家从此绝嗣。

（吉克伍沙　讲述）

毕阿史拉则传说之四

相传，上千年以前凉山地区到处都是茂密的森林，各种野兽成群，非常凶猛，经常出没于田间地头伤人，严重威胁到人们的生产和生活。那时的人口又稀少，人们不敢像现在这样随便进入森林，牧羊、走亲访友，等等。当时的主要生产生活靠的是畜牧业和刀耕火种。如果人们出去干活的话，一般都要成群结队才敢出去，一两个是不敢出门的。

毕阿史拉则听说在金阳和布拖相接壤的地方，有个名叫哦石山的地方，有群非常凶猛的黑熊。这黑熊力气特别大，见人就抓，抓到就撕咬，撕下就吃。当他知道这个十分凶猛的黑熊经常危害着人们时，勇敢的前往该地，想方设法帮助那里的人们消除这个害人的恶熊。他来到那里后，亲手制作了黑、白、花三色的弩弓，交给人们把它拿来安放于哦石山上。那里的人们听毕阿史拉则的话，先把这些黑、白、花三色的弩弓拿来安在通向哦石山的山路上，在路的两边再安上暗器，把树扳弯在地上，在树梢上又拉上藤条，再用石头压在压弯的树枝的树梢，等这一切做完，人们就悄悄地躲藏在密林里，紧拉着藤条，并用一只山羊作诱饵，一只白色大公鸡放在哦石山的山路边上。年轻力壮的小伙则手持弩弓埋伏在两侧，让穿着铠甲的男人牵着猎狗和长矛等待在后面，然后让年老的人集中在哦石山大声地呐喊助威。

没过多久，这些十分凶猛的黑熊就开始出没了，当黑熊们像往日那样一走进毕阿史拉则所布置的这些滚木垒石阵地时，这些人轻轻一拉手里的藤条，那些滚木垒石所弹射出去的石头像冰雹那样密密麻麻地落在黑熊的阵地上，打得黑熊死的死、受伤的受伤，没有一个幸免的；这当中，更加厉害的是毕阿史拉则派遣去的那些年轻力壮的小伙，从四面八方跳了出来，用长矛刺、用弯刀砍、用弩弓射，一时间那厮杀声、刺杀声、猎狗的撕咬声响彻云霄，打得凶猛的黑熊四处逃窜，乱成一团。黑熊们全被毕阿史拉则抓获，最后他们把它装进黑色的麻袋里，用弩弓射杀，杀得黑熊血流成河。毕阿史拉则用这些黑熊祭奠了山神，然后把熊头取来当枕头，把熊尾割来当作浮尘用，把熊皮剥来做垫块用，把熊眼摘来做串珠佩戴。从此，这一带就再也没有黑熊出没了。

（吉克伍沙　讲述）

异文：

毕阿史拉则和他的徒弟走到昭觉豹口梁子时，师徒一行就望得见竹核盆地平坝那地方，进行短暂休整。正在休息，毕阿史拉则看见有一片云形成团柱，从竹核平坝直上云端。毕阿史拉则问徒弟们看见这一云柱没有，除了大徒弟阿苏斯惹外，其他三个徒弟中没有一人能够看见。毕阿史拉则只好作罢，启程前行。临近黄昏，师徒一行慢慢走到勒默哈（现在的竹核水泥厂）时，毕阿史拉则叫徒弟们找块"温暖的土壤"住上一宿。其他徒弟们到处找，都没有找着，唯独大徒弟阿苏斯惹按照上午看见的那一云柱终于找到了"温暖的土壤"。毕阿史拉则说，在这块"温暖的土壤"下肯定有温泉。徒弟们顺势按他的指示挖下去，这一挖可不得了了，果然挖出了一口温泉！于是，毕阿史拉则师徒一行在竹核挖出的温泉水里洗了个澡。第二天一早，就朝美姑方向去了。

（吉克伍沙　讲述）

毕阿史拉则传说之五

　　有一次，毕阿史拉则被云南昭通一带的人请去作毕，由于路程远，一天赶不到，累了就找个靠河的岩洞住宿，这个岩洞里栖息着一个披着青苔的水鬼，水鬼看到毕阿史拉则父女的到来，使他非常高兴，便说"哈哈，我正饿得找东西吃，你们来了正好，让我吃了你们吧！"

　　毕阿史拉则听了，立刻回答说："我们不会轻易地让你吃的，你不信的话，请你睁开眼睛好好看看我手里的这把宝刀，不仅用它可以把山劈开，还可以用它把江河断开，用它来对付你的话可以把你劈成两半，你想试一试？"水鬼听了马上改口说："那么你们还带有可以吃的东西没？我都饿惨了，快给我吃一点。"毕阿史拉则说："只要你不伤害我们，我们可以把带着的荞粑送一块给你吃。"水鬼一边吃着荞粑，一边试探地问毕阿史拉则："你说这把宝刀这么厉害，总有一些东西砍不动吧？"毕阿史拉则一下猜出了水鬼的心思，就回答说："当然，这把宝刀的最大缺点是砍不动那些椭圆形的东西，比如南瓜或者元根之类，遇到这些就有点吃力，其他的嘛不在话下。"水鬼吃了荞粑后，拉伸在他的岩洞里睡着了。

　　第二天，在毕阿史拉则父女横渡金沙江时，江面上就飘来一个南瓜，一会儿朝毕阿史拉则的女儿身上撞来，一会儿这南瓜又变成一个元根向毕阿史拉则这边滚来，故意阻挡毕阿史拉则父女过江，毕阿史拉则一下看出了是由那个水鬼变的南瓜和元根后，立刻拔出宝刀，上下飞舞着向南瓜砍去，水鬼变的南瓜一下被毕阿史拉则砍成了两半，这南瓜里面还有他们给水鬼吃过的荞粑，金沙江的水一下被染成了浑浊的水，金沙江的水至今都是浑浊的。

　　传说金沙江一年四季都浑浊，就是这样来的。

（吉克伍沙　讲述）

异文：

相传，很早以前昭觉南坪（彝语叫"拉哈依乌"）这个地方，周围树木很茂盛，草长得很好，花儿、鸟儿、昆虫、蜜蜂、野兽都聚在这里繁衍生息。其中有三只虎，一公、一母和一只虎崽，他们依仗茂密的森林，筑巢在三岔路口上，专门咬人伤人。不管你从哪里来，他们都要伤人，从而严重威胁着人们的安全，于是，老虎害得人们不敢像现在这样随便进入森林、牧羊、走亲访友等。当时的人们生产生活，主要是一靠畜牧业，二靠的是刀耕火种。如果人们出去干活的话，一般都要成群结队才敢出去，一两个是不敢出门的。

有一次，毕阿史拉则准备到美姑利利兹莫家去，路过拉哈依乌时，听说这个三岔路口上有三只非常凶猛的老虎专门躲藏在茂密的森林里，等人从这儿路过时，一下就跳出来咬人或撕扯人的事。被它们抓来吃掉的人不计其数。当毕阿史拉则得知此处的虎患严重威胁着过往行人的生命的消息后，为了消除虎患，他取出了随身背着的《神禽经》，然后默默地念了一篇，再亲手制作了黑、白、花三色的弯弓，交给居住在那儿的人们，再教他们如何使用。人们听从毕阿史拉则的安排，把这些黑、白、花三色的弯弓拿来安在通向拉哈依乌的岔路上，在岔路的两边再安上暗器，把树扳弯在地上，树尖上又拉上蔓青藤，再用石头压在搬弯的树木的树梢，准备完毕后，人们再悄悄地躲藏在密林里紧拉着蔓青藤，然后用一只山羊作诱饵，一只白色大公鸡放在拉哈依乌的山路边上。其他年轻力壮的小伙，则手持弩弓埋伏在两侧；让穿着铠甲的男人牵着猎狗和长矛等待在后面；然后让年老的人集中在拉哈依乌山边上大声地呐喊助威。

没过多久，那一公、一母和虎崽就出现了，还带来了其他虎亲虎族，当这些老虎像往日那样一走进毕阿史拉则所布置的这些滚木垒石阵地时，事先躲藏在密林深处的人们就轻轻一拉手里蔓青藤，那些滚木垒石就像冰雹那样密集地落在老虎的阵地上，打得那三只凶猛的老虎和虎亲虎族们四处逃窜，乱成一团。这时毕阿史拉则又赶紧指挥那些年轻力壮的小伙，他们从四面八方跳了出来，用长矛刺、用弯刀砍、用弩弓射老虎，一时间那厮杀声、刺杀声、猎狗的撕咬声响彻云霄，没多久就把这群害人的老虎全部消除了。毕阿史拉则除了把这些擒获的老虎拿来祭奠山神外，把虎头割来制作签筒用、把虎尾取来当作扫浮尘用、把虎皮剥来当作坐垫坐、把虎眼挖来镶嵌在乌吐（毕摩的法器之一）上。毕阿史拉则不仅铲除了拉哈依乌这一带的虎患，使人们安全地来往于广大的彝族地区，毕阿史拉则的名声更加大增。

（吉克伍沙　讲述）

毕阿史拉则传说之六

在毕阿史拉则众多的弟子中，有个叫莫鲁吉惹的，天分很高，才能出众，毕阿史拉则很赏识他。莫鲁吉惹出师后，也广纳弟子，四方传经。他的声望仅次于老师毕阿史拉则，而他自己却越来越不把毕阿史拉则放在眼里。

不知从哪年哪月哪日起，毕阿史拉则和莫鲁吉惹师生之间在作法事的主张上发生了分歧。莫鲁吉惹认为，作法事是神圣高雅的，念经时经台上必须插上金枝银叶，必须以猎自森林中的野猪或鹿等野生动物作为贡品；在毕阿史拉则看来，作宗教仪式当然是神圣高雅的事，但要为穷苦的人着想，能够给他们驱鬼免灾，祈求时经台上插上一般的青枝绿叶，贡上家有的羊羔或猪崽就可以了。否则，天下穷苦的大众就请不起毕摩，办不了法事，就只有让疾病缠身，达不到驱除病痛的目的。毕阿史拉则的主张理所当然地得到彝族众人的赞同，他的声望越来越高，而相比之下，嫌贫爱富的莫鲁吉惹的声望降低了。

心术不正的莫鲁吉惹逐渐对老师毕阿史拉则不满，不满很快又变为心中怀恨，后来竟然萌生邪念，一心要害死毕阿史拉则。对于弟子莫鲁吉惹的罪恶居心，早就被和神灵相通的毕摩大师毕阿史拉则了如指掌，然而，他也无法改变自己已由上天注定的命运！那一天，毕阿史拉则突然很平静地对他的弟子们说："如果我突然死了，你们不要惊慌，不要啼哭，而是必须将我放在经台上半仰半睡，嘴边放一把笛子，笛子里要关着一只活的黄蜂。其他的，你们不要做什么，只要在我身旁照常念经就行！"果然，过了一会儿，毕阿史拉则突然倒在地上，马上就断了气。弟子们含着眼泪，完全按老师刚才嘱咐的做了。

毕阿史拉则是被弟子莫鲁吉惹隔着一座大山念咒经咒死的。莫鲁吉惹在山那边一边狠狠念咒经，一边把"色胡"朝毕阿史拉则所在的方向直指着。"色胡"是一种鹿角制成的神通广大的法器。像莫鲁吉惹这样道行高深的、名望大的毕摩使用自己的"色胡"，同时念咒经，那真是指天天塌，指地地陷，指人人死！当然，这是一种要遭众人反对的极少用的，也是最狠毒的杀人手法。莫鲁吉惹不惜冒天下之大不韪而使用"色胡"，是因为只有这样才能治死他仇恨的老师毕阿史拉则！莫鲁吉惹用过"色胡"，念完咒经，立即叫一个弟子去探明毕阿史拉则的情况。他想到从此以后自己就是天下声望最高的毕摩大师，不禁从心底爆发出一阵得意的狂笑！不料，去打探的弟子回来报告说："毕阿史拉则并没有死，他还悠闲地仰在经台上吹笛子玩哩！"

原来，他的徒弟看到毕阿史拉则在经台上半仰半睡，还看见毕阿史拉则的弟子各自在旁边念经，并且毕阿史拉则嘴里吹着笛子，笛子还嗡嗡发声，就断定毕阿史拉则没有死。他的徒弟哪里知道，这一切都是毕阿史拉则生前料定安排的笛子的嗡嗡声，不过是里面关着的黄蜂在扇动翅膀而已。莫鲁吉惹听了后，大吃一惊，心想，难道自己的色胡和咒经都不灵验了？他一时不知如何是好，心里感到疑惑，恍惚中将色胡指着自己念了一段咒经，立刻倒在地上断了气。欺师灭祖的恶人莫鲁吉惹，最终没有逃脱毕摩大师毕阿史拉则的谋划和算计，得到了应有的下场！

两个大毕摩，毕阿史拉则和莫鲁吉惹在同一天死去，给彝族后世留下了很大的遗憾。然而，只有毕阿史拉则世世代代受到众人的喜爱、敬仰，他的传奇故事至今仍在彝家的村村寨寨广为流传，直到今天。

（吉克伍沙 讲述）

毕阿史拉则传说之七

毕阿史拉则是彝族毕摩的祖师爷，是彝族文字的创造、规范和传播者。相传，毕阿史拉则生前编撰了许多彝文，他去世后，担心再也没有人认得这些字了，心里一直牵挂着后继有人的问题，于是变成一只洛诺果布鸟（嘴巴像鹦鹉嘴的鸟），在茫茫森林里吐着血在一块石板上用它的尖嘴写字，教他哑巴的儿子拉则格楚学造字、写字、读字。

拉则格楚生来不会说话，看见鸟在他身旁飞着，就跟着它走，走到一片茂密的森里中，鸟高声唱歌，又吐出丝丝的血滴在树叶上，树叶上立刻现出了笔划美丽的字来。拉则格楚很喜欢，摘下树叶，在上面依样画着。从此，每天鸟一来，他就跟着它到林中画着，有时深夜也不回家。到七八岁时，拉则格楚开始上坡放猪、牧羊，他终年风里来雨里去，日子过得也很艰难。

在拉则格楚十来岁时，有段时间妈妈发现他变了。他每天太阳刚出东山就踏着露水赶着猪羊出去了，归来却很晚，太阳落西山了才在暮色中赶着猪羊回家。他人也消瘦了，而且变得沉默寡言，很少开腔说话，吃饭和做家务事也都是心不在焉的。同时，他放的猪羊也越来越瘦弱。妈妈很奇怪，几次问拉则格楚到底出了什么事。然而，拉则格楚却总是憨憨地笑一笑，什么也没有回答。妈妈心中很是怀疑。

有一天，等拉则格楚赶着猪羊出门以后，妈妈就到山坡上去看。她看到猪和羊在山坡上乱跑，没有人看管，而拉则格楚到处都不见踪影。妈妈就在山坡上看管猪羊，等着拉则格楚，想看看他到什么地方去了。直等到太阳落山，她才见到拉则格楚从森林深处走出来。他看着很疲劳的样子，无精打采地把猪羊赶回来。妈妈问拉则格楚在森林里做什么，为什么不看管猪和羊？可拉则格楚仍然只是憨憨一笑，什么也没有说。

妈妈下定决心要知道个究竟。第二天一早，她拿出一卷羊毛线，悄悄地在拉则格楚的披风（瓦拉）须须上拴上一根毛线。这样，拉则格楚就一路上背着由妈妈给系上的羊毛线赶着猪羊上了山坡，又走进森林深处。过了好一阵子，妈妈出门顶着牵在地上的羊毛线去找拉则格楚。细细的羊毛线好像没有尽头。她走呀，走呀，终于钻进了森林，来到森林深处的一座陡峭险峻的石岩下。

眼前的情景简直使妈妈目瞪口呆！原来，她看见放猪牧羊的儿子拉则格楚正端端正正地坐在岩脚的一块石台上，嘴里咿咿呀呀地念着什么。妈妈很奇怪，她没有惊扰他，在一旁静悄悄地听他念什么。听了一会儿，她就觉得全身百感皆无，像进入了一种不可名状的虚空里，心中只存一股静心清朗之气。妈妈向周围看看，她非常吃惊地发现，森林中的各种野物、虫子都在拉则格楚身边不远处的树下、草丛里、石头上站着，躺着，不跳也不嚷；各种雀鸟也都歇在近处的树枝上，不飞也不鸣。它们似乎都在静静地听拉则格楚朗声念诵。妈妈后来才知道，当时拉则格楚念诵的是经文，他就是这样在森林中的石台上自感自悟创造出彝族的经文的。一会儿，拉则格楚停止了念诵，他要把经文记录下来。立刻，枝头上的洛诺果布鸟的（嘴巴像鹦鹉嘴的鸟）嘴里滴下殷红的鲜血，滴进石台上拉则格楚身旁的一个小石窝里。放牧猪羊的少年右手拿起竹签，蘸着洛诺果布鸟滴下的鲜血，在一种宽大的树叶上不住地写写画画。很快，写满经文的树叶一张一张地在他身旁摞着，一会儿就高过了他的头。妈妈看见，在离石台不远处的地上，写有经文的树叶已经堆成了小山！她明白了，这段时间，拉则格楚每天都来这里念经、写经，他当然顾不上看管山坡上的猪羊，甚至，也顾不上自己的身体！人们后来才知道，毕摩祖师毕阿史拉则不仅创造了彝族的经文，还在记载经文时创造了彝族的文字！他既是创造者，也是传播者！妈妈在拉则格楚身边呆呆地看了好半天，见太阳光已从西山方向射入森林中，天色已不早了，觉得拉则格楚和自己也该回家了，就轻声地叫道："格楚——！"她的话音未落，放猪牧羊的少年周围的雀鸟、野物和虫子突然像受到了极大的惊吓，轰然大乱，一时间叫的叫、鸣的鸣、嚎的嚎；跑的跑、跳的跳、飞的飞，顷刻间在树林草丛中消失得无踪无影！就在雀鸟、野物和虫子逃离的一瞬间，一阵大风卷过来，突然地动山摇，天昏地暗！那堆摞起的写有经文的树叶顿时被吹得漫天飞舞，很多被狂风吹上了天空，又卷到很高的高空，看都看不见了！面对突然的变故，拉则格楚开初简直被惊呆了，但是他很快就清醒过来，连忙发狂般地叫喊，拼命地去抓住还没有飞走的写有经文的树叶。然而，堆成小山的树叶还是大部分都被山风卷走了，他只抓住了很少的一部分。原来，创立经文和文字最忌讳生人打扰，所以拉则格楚才一直瞒着妈妈。当时，妈妈的轻轻一叫虽然是出于好心，但也几乎使拉则格楚的一番苦心完全前功尽弃。只因为他在山风吹来时清醒得快，虽然体力不强但手脚还算敏捷，终于抓住了一些写满经文的树叶！不然的话，彝族后世恐怕就不会有毕摩和文字了。

经过山风的灾难，拉则格楚只有带着很少的写满经文的树叶，垂头丧气地对妈妈说："妈妈呀！你为啥这个时候来？你来晚一点多好！阿达的书还有三篇没有抄写完呢！"

从此，拉则格楚开始说话了，并且能够教众多的人认识他父亲遗留下来的字。但是，由于有三篇还没有抄写完，因此，现在的彝文有些不够用就是这样形成的。

（勒保惹切　讲述）

毕阿史拉则传说之八

在金阳与昭觉相连的地方，有个地名叫鸠拉特科。相传，这个鸠拉特科地方的山势陡峭，在高高的山崖上栖息有一群恶鹰，这些恶鹰经常飞来，除了抓牛羊吃外，还要飞来抓人吃，吓得人们不敢从这儿过，即使想从这儿过时随时都要手持棍棒，小孩也不敢出去放牧。

毕阿史拉则是法力最高的人，经常被金沙江两岸的人请去作毕，他从这里路过时，也遇到恶鹰从高空排便在他的毡帽上，弄得他也苦不堪言，为了彻底驱除筑巢在山顶上的这些恶鹰，他从金河边捡了三个白色的鹅卵石，把其中两个垫在屁股底下，一块放在自己的面前，在地上还安放了三张红、黄、白色麻网兜，准备收拾恶鹰，然后把镶嵌有银片的毡帽戴在头上对恶鹰说："你有本事就把这些石头击烂给我看，如果这些石头被你击烂，说明你的功夫不一般，我就准许你继续在这儿筑巢抓人吃，一年繁衍两只后代；如果石头击不烂，那你三年只能繁衍一只后代，而且不准你在这儿筑巢继续危害人，否则，我会把你驱除掉。"恶鹰说："这个太简单了！"回答完，它就升上高空。

未等恶鹰猛冲下来，毕阿史拉则害怕恶鹰飞下来时击到他，便把镶嵌有银片的毡帽往头上一戴，刚好毡帽上的银光片反射在恶鹰的眼光上，使恶鹰无法看清石头的确切位置，猛冲下来击在鹅卵石的边上，尽管这样，恶鹰的翅膀威力也很大，只听得"咔嚓"一声响，鹅卵石仍被恶鹰劈成了两半，而且把放在前面的那三张红、黄、白色麻网兜击得粉碎。毕阿史拉则见了有点心虚，但他很快镇定下来，眼明手快，等恶鹰飞转来时，看见鹅卵石还是好好地放在那里。

毕阿史拉则说："你不能再吃人了吧?!"恶鹰说："让我再击打给你看，行不。"毕阿史拉则同意了恶鹰的要求。这样，恶鹰又用翅膀击石两次。每次，击烂的石头都被毕阿史拉则悄悄地换掉了，最后还是一块完好无缺的鹅卵石放在那里。因为事先约定过三次为限，恶鹰只好认输，它不甘心地问道："法力高强的毕阿史拉则，你不准我抓人吃，我同意了，那我该吃啥？但三年繁衍一只后代我不同意！"毕阿史拉则默默念了一篇经文，说："那你就吃野兔，吃鸡吧！一年也只能繁衍一只后代！"

从此，这里的恶鹰就只吃野兔、野鼠和小鸡，再也不敢吃人了，而且一年也只能繁衍一只后代。

（吉克伍沙　讲述）

毕阿史拉则传说之九

毕阿史拉则和住在美姑、金阳的凉山彝族古恒系后裔阿格索祖和阿克俄伙（我国元明时期著名的彝祖民间宗教知识分子），三人曾同赴成都应试。他们在成都应试期间，因学术问题曾发生过争执，后来他们决定以分别施展法术使成都的城墙倒塌后，能否复原如初而定输赢。三人各自施展法术后，结果毕阿史拉则的法术最高，他能使城墙倒塌后复原如初；阿格索祖的法术其次，他的法术只能使城墙倒塌而不能复原；阿克俄伙的法术就更一般了，他只能使城墙开裂而不能合拢。

这一天，正当三人比试法术高低的时候，结果被成都府的官员以破坏城市设施为由，将他们逮起来分别放入一个大蒸笼里面熏蒸，以示惩罚。待到了规定时限时打开蒸笼一看，发现毕阿史拉则浑身结满了冰霜；阿格索祖须发均结冰；而阿克俄伙面部有微汗浸出……当成都府的官员了解到他们是来应试的时，事后让他们参加考试，毕阿史拉则获得第一名而奖给镶金神签筒；阿格索祖获得第二名而奖给镶银神签筒；阿克俄伙获得第三名而奖给镶铜神签筒。

（吉克伍沙　讲述）

异文一：

有一年，在佛祖释迦牟尼诞生的那天（农历四月八日），即"浴佛节"或"佛诞节"，为了参加在印度举行的金刚经灌顶大法会，毕阿史拉则与当时的著名毕摩大师阿格索祖、阿克俄伙一起受官方的邀请首先抵达到成都的大慈寺（也有说昭觉寺）应试。官方将三人放入高温蒸笼里，用蒸活人的办法来比较三人法术的高低，三人被放在高温蒸笼里连续被蒸了三天三夜，结果毕阿史拉则法术最高，他变成冰人，再后来冰人毕阿史拉则慢慢融化成活人而获得金"吾图"奖，阿格索祖、阿克俄伙分别获得银"吾图"和铜"吾图"奖。

　　毕阿史拉则因此名声大振，第二年又被当朝官方推荐去参加印度、尼泊尔每 10 年举行一次的斗法大赛会。毕阿史拉则不负众望，获得了最高奖励——法铃（此法铃现鉴定为国家一级保护文物，现收藏于四川美姑县文管所）。尽管该法铃已经历数百年岁月的洗礼，但是该法铃上的猛虎、雄鹰、鹿鱼和神杖等具有浓郁彝族风格的外壳雕刻镂镶仍然清晰可见。

　　第三次毕阿史拉则又去参加在印度举行的金刚经灌顶大法会的斗法大赛，因他法力高强，获得了佛祖释迦牟尼的"舍利"——释迦牟尼生前的一节拇指甲，彝语称之为"厝丘阿玛洛色""垄摩洛色"或"达摩洛色"。

　　从"厝丘阿玛洛色"和"达摩洛色"的彝语来看，"阿玛"和"达摩"与佛祖释迦牟尼的本姓乔达摩，真名悉达多相吻合。至于"厝丘阿玛洛色"，是彝语的音变，把"阿玛"和"达摩"说成"厝丘阿玛洛色"了。"阿玛"在彝语中指的是"奶奶""祖母"或"祖师爷""祖师母"；"垄摩"指的是"大拇指"；"洛色"就是"指甲"了。

　　毕阿史拉则在印度获得"阿玛洛色"后，专门派来三大弟子阿苏斯惹、牟乌鼎迪、牟克吉冷赶到印度护送至凉山彝区。大弟子牟乌鼎迪毕摩亲自拿"厝丘阿玛洛色"，后来牟乌鼎迪生有九个儿子，其后代都称其为"史勒惹古"，"舍利"与"史勒"，语音至今没有多少变化。

　　传说身上装有"阿玛洛色"，打战时刀枪不入。毕阿史拉则去世后，把"阿玛洛色"——指甲，深藏于今美姑县瓦古乡毕阿史拉则的"藏经楼"。当时，人们都不知道这里就是毕阿史拉则深藏"厝丘阿玛洛色"的"藏经楼"，当地彝人在与部落之间打战时，都去那里转上几圈后再去打战，都很显灵，都打赢战回来。

　　1958 年，国家搜集民间文物时，才第一次发现毕阿史拉则的一个"藏经楼"。据推测，该"藏经楼"大约建立于公元 600—800 年前之间，其屋基是用 1.5 米高的石条砌成，整个屋子呈雕楼形，门前还有一对石狮子。楼上有一口大木箱，箱内珍藏着毕阿史拉则的许多经书和一对阴阳"吾图"。到了凉山彝族民主改革时期和"文化大革命"时，毕阿史拉则的

"藏经楼"被毁，大量经书流失，那对阴阳"吾图"被当地彝族群众悄悄送入山洞供奉，后来确定为"国家一级文物"，被民族文化宫收藏。至于被彝族人称为"阿玛洛色"的佛祖释迦牟尼的"舍利"——释迦牟尼生前的一节指甲，被毕阿史拉则深藏于何处，至今还是个谜。有的说藏于"藏经楼"的地下，有的说传给了毕阿史拉则的后代。还有传说，在200多年前，毕阿史拉则的后代依靠"阿玛洛色"，联合彝族的另一支部落——马家，组成"阿陆马"联合军，以刀枪不入之势，打败了沙马兹莫，赶走了沙马兹莫，占领了沙马兹莫曾经管辖过的所有领土。

（诗普尼温　讲述）

异文二：

毕阿史拉则、阿格索祖、阿克俄伙三人是好朋友，为了抄写彝文经书上的文字，他们三人结伴到越西城买了纸，再到西昌城来买了笔墨，结果在西昌城（河东街）购买笔墨时，由于听不懂当地的汉语，在购买笔墨时与店铺的老板发生了误解，说他们三人故意刁难店家，最后店家把他们三人抓去给守城官，这个守城官也听不懂他们说的话，于是就把他们三人一起投进了黑牢。关进黑牢后，牢卒对他们施以各种酷刑，然而各种刑具都无法损伤他们的皮毛毫发。于是又将他们三人捆紧再放进蒸笼里，然后加大柴禾蒸，三天三夜后，打开蒸笼一看，结果毕阿史拉则变成一块冰块，阿格索祖全身只结点冰，阿克俄伙只是稍微有点热，牢卒对他们没有办法的情况下再把他们三人重新投进黑牢里。是夜，一位慈祥的老太婆端了一碗水和三块米粑送给他们食用。毕阿史拉则见机行事，在黑牢的四角抠了四个小坑，将水倒进坑里，又将四根竹棍插于水中，然后他们三个人一起坐在竹棍上。三人一起施法，一会儿整个城的四周布满了乌云黑云，下起瓢泼大雨，洪水涌进城里，淹死了那些把他们抓去投进了黑牢的仇人，唯有他们三人和那个慈祥的老太婆得到神的福佑而得救。

（吉克伍沙　讲述）

毕阿史拉则传说之十

相传，毕阿史拉则在一次游学、传教过程中，从贵州、云南经过西昌时，师徒一行刚刚走到现今的昭觉县七里坝（彝语名叫"其尔仆"）附近，就听说居住在西昌的勒格阿史兹莫家和居住在美姑的利利兹莫家为了争夺领地要打一场仗。两方的军队在七里坝对峙着。毕阿史拉则很反对两家兹莫之间打战，说，仗一打起来，伤及的都是无数无辜的平民百姓。于是，毕阿史拉则在中间劝说，让两家兹莫各自退兵。毕阿史拉则先让徒弟前去打听自己家乡那方来的利利兹莫家的军队统帅是谁，在得知是自己的表弟阿苏斯惹时，表弟被劝住了。但是，勒格阿史兹莫家的军师却不听，坚持要打败利利兹莫家的军队。

毕阿史拉则告诉两方说，我是大毕摩，只要我念了经，如果谁先动了手，谁家的兹莫就会断子绝孙。勒格阿史兹莫家的军队根本不听一直说要打。毕阿史拉则说，那好，我先念经祈祷，听不听随便。于是，毕阿史拉则开始念祈祷经，经书每念完一页就让所有的徒弟挖泥土在自己的脚下，毕阿史拉则就坐在泥土上不停地念祈祷经。不知不觉，泥土很快就长成了一个小圆山包。这小圆山包至今在昭觉县七里坝（汽车刚下坡时的左前方）依然可以看见。

后来，毕阿史拉则念的经应验，勒格阿史兹莫家先绝嗣，利利兹莫家也紧跟其上。据说，当时毕阿史拉则念完祈祷经后，带着徒弟头也不回地走了。走到看得见解放沟的一座山坡上休息时，自言自语地说了句："解放沟这地方是凶狠的兹莫断头断手的地方，等对面山上长出三棵夫妻树、母子树后才会有好转"。

后来，利利兹莫家的最后一个兹莫——兹莫斯基因平常对其属民凶狠，有一天他来到现在的昭觉县解放沟（区工委住地下方那条河边）打猎时，被属民围攻于一棵大树下，吊颈自缢。当时，兹莫斯基手上戴有一个金手镯，被一个叫倮木阿黑的人一刀砍下左手，取走了金手镯，兹莫斯基的血流进了河里。因此，当地的彝族人至今不饮该河流的水。

　　奇怪的是，相隔几百年之后，昭觉县解放沟背面的那座小山坡顶上，像毕阿史拉则曾经说过的那样，果然长出了三棵树。在没有任何人去栽植的情况下，先只是长出了一棵公树，不久，在公树下方几十米的地方又长出了一棵母树，再后来，在这两棵公母树下方不远的地方，又长出了一棵小树。更加奇怪的是，这三棵树枝繁叶茂，长势很好，其长势比其他树种还要好。

（诗普尼温　讲述）

毕阿史拉则传说之十一

　　有一次，毕阿史拉则一行走到昭觉洒拉迪坡（现今烂坝乡）时，看见洒拉迪坡湖周边有好几户彝族人家过着很艰辛的生活。这几户彝族人，姓"布约"，来自昭觉竹核地区的斯木布约。当时，洒拉迪坡是一个高山湖泊，周边没有多少土地可供耕种，湖里也打不出多少鱼来。

　　毕阿史拉则在布约家里住了一宿，布约家杀了一头大黑牛来款待。毕阿史拉则说，他们一行没有多少人，用不着杀这么大一头牛。布约家告诉毕阿史拉则说，山上牧场大，好发展畜牧业，牛多的是，就是土地太少，粮食每年都不够吃。毕阿史拉则当晚告诉布约的家族人说，如果把洒拉迪坡湖变成耕地来种粮食吃，就可以了吧？我一定让这洒拉迪坡湖变成耕地给布约家。布约家族的人想，谁有这样天大的本事，以为客人是在开玩笑。

　　毕阿史拉则沿着湖边离开时，用自己身上带的神签往湖边上一插又取了出来。第三天，在深更半夜之时，人们只听见"轰轰轰"的响声。待第二天一大早起来，人们看见洒拉迪坡湖时，湖水见了底，原来的洒拉迪坡湖没有了，只留下一大片沼泽地。后来，布约家族人把洒拉迪坡坝子开发成耕地，在那里生活了一段时间。但是，布约家族人一直认为洒拉迪坡湖一夜之间突然消失，怕这事今后对子孙后代不利，因此，布约家族人携儿带幼迁徙到现在的云南省宁蒗彝族自治县居住去了。

（诗普尼温　讲述）

毕阿史拉则传说之十二

相传，在龙头山的脚下，住有赫赫有名的利利兹莫家，他家拥有宽宽的土地，上面不仅管到美姑全部区域，下面能够管辖到昭觉的全境，斑鸠在他家的地盘上飞过都要歇九次脚才飞越完；他家拥有成群的仆人，乌鸦从他家的寨子上空飞过都被浓烟熏落。他有个聪明能干的猎人，名字叫吉尼朵兹（在彝族民间传说彝人打猎捕兽是他开的头）。吉尼朵兹养有一只非常凶猛的猎狗叫克莫阿果。

那时，在安宁河畔也住着一家赫赫有名的勒格阿史兹莫家，勒格阿史常常这样炫耀说："安宁河是我家的河，建昌的海是我家的海；泸山是我家的山。地上所有的树是我勒格家的树，地面流淌的水全是我勒格家的水。我的土地下达金沙江，上至雅州城，拥有数不清的百姓，养有成千的精兵像蚂蚁。出征的那一天，他们手持的长长矛杆像森林，矛头似星星。我养的一对狼狗，不需呼叫它都自然出圈伤人。"

居住在勒木甲谷的利利兹莫历来对毕阿史拉则相当敬重和崇拜，凡是他家所举行盛大的送祖念经或平常的祈求平安的宗教仪式都请毕阿史拉则主持，其他的远行或出征都请毕阿史拉则大毕摩作他的军师随行。

有一年的彝族年后，毕阿史拉则到其他地方作毕路过利利兹莫家的领地，利利兹莫就请毕阿史拉则给他家作一次祈求念经活动。于是，牵了一头牛和一只猪给毕阿史拉则，请他给予念咒符仪式，然后，把敬牛放在龙头山林里，敬猪放在斯叶阿莫山里。

敬牛和敬猪却三天都不在一个地方，有时跑到东方去，有时窜在西方，时间长了就成了野物。如果有人站在龙头山上学牛叫的话，那敬牛立刻出现在你的眼前，翘起角来会把人戳死。这敬牛和敬猪到处乱跑，没人能把它捉住，利利兹莫常常对人说："我的这两样敬牛和敬猪，好像成了丢失的财产。"

毕阿史拉则从滋滋浦乌作毕回来，在途中遇到了他的表弟阿苏斯惹，他俩一起结伴到了利利兹莫家。利利兹莫看到非常勇敢的阿苏斯惹也随毕阿史拉则来到他家后，非常高兴，便打牛进行款待，为了测试一下阿苏斯惹的能力，利利兹莫向他摆谈道："我有一头敬牛跑到山顶上去了，没有人敢去抓它，真拿它没办法。"阿苏斯惹听后，哈哈地笑着说："我可以帮你把它逮回来。"利利兹莫却不信，而且这样劝他说："去不得，千万去不得，它已经戳死了好些人了。再把你抵倒或戳死了，我兹莫的脸往哪里放。"阿苏斯惹说："我不怕，我有能力会把它抓来给你看的。"说完阿苏斯惹独自起身进山寻找敬牛去了。阿苏斯惹站在龙头山上学牛叫了三声，果然那头十分凶猛的敬牛不知从哪里跑来，挺起头向阿苏斯惹猛冲过来，阿苏斯惹迅速闪开，那头敬牛便撞在一棵大松树上，松树连根被撞倒在地了。阿苏斯惹一下跳起来抓住了牛角，死死地扭着不放，不管牛怎么用力，都无法挣脱，这头十分凶猛的敬牛被阿苏斯惹降服后，敬牛只好乖乖地跟阿苏斯惹回来。

阿苏斯惹抓回了敬牛，利利兹莫就竖起大拇指称赞阿苏斯惹是个神人，其他人目睹了阿苏斯惹亲手抓回了这头十分凶猛的敬牛后，个个也伸起大拇指称赞，还未出嫁的利利兹莫家的女儿也十分敬佩阿苏斯惹的本领。

还未出嫁的利利兹莫的女儿叫诗霞，她的眼睛长得像水花，睫毛闪闪的像夕阳，皮肤白嫩似绸缎，阿苏斯惹看到这姑娘连眼睛都不转向了。诗霞姑娘像蜜蜂挂岩上，鱼儿游河中，阿苏斯惹眼巴巴地望着诗霞姑娘，可是再羡慕也无法得到手。

一天，利利兹莫家的猎人吉尼朵兹带着他的凶猛的猎狗克莫阿果进山去狩猎，放克莫阿果在木兹山上撵出了利利兹莫家的那头敬猪。吉尼朵兹带着他的凶猛的猎狗克莫阿果追逐到昭觉境内，遇林撵入密林，逢山撵入山间，再顺着兽迹继续寻追，一直追逐到了西昌泸山顶上。这天正有勒格阿史家的兵丁在泸山顶上巡视，看见一头猪跑来，便被他们抓住了。正在准备分肉时，吉尼朵兹赶来了。他眼看着被他撵来的敬猪，已经被人砍开要分肉了，他气得大吼："不准动！这是不可拿走的猪，这是不可分食的肉，这不是普通的猪，这是利利兹莫家的许愿的神猪！你们想吃进不了口，你们想要伸不了手，这是我吉尼朵兹撵出来的。我是带猎狗克莫阿果，在萨拉迪坡山后撵下来的。是从阿尔迪普追过来的，是从布尔热诺林带撵过来的，是要在泸山上来捕捉的。"勒格阿史家的兵丁听了这番话被惊住了，不敢再动手。吉尼朵兹把猪肉捡进布袋里装着走了。

勒格阿史的兵丁，想吃白张口，想拿空伸手，心里有怨恨地禀报给勒格阿史了。勒格阿史听说后眼睛冒火花："你利利兹莫算个什么东西？！胆敢在我的地盘来捉弄我。"说完马上叫家丁放出两条十分凶恶的狼狗去追咬吉尼朵兹，两条十分凶恶的狼狗放出后如同离弦的箭，向主人所指点的方向飞奔，一口气追到雁窝塘就追上了吉尼朵兹。吉尼朵兹急忙爬上一棵大树。狼狗张牙舞爪，望着树上的吉尼朵兹张口狂吠。吉尼朵兹立刻从箭鞘里抽出箭，拉满弓，"嗖嗖"两箭，正射入两条十分凶恶的狼狗那红通通的喉咙里。两条十分凶恶的狼狗在地上打了几个滚，便一动不动了。吉尼朵兹这才脱险，顺利地回到利利兹莫家里，他把如何追逐敬猪，如何射死了勒格阿史家的两条十分凶恶的狼狗的事一一说了。利利兹莫听到射死了两条十分凶恶的狼狗后，吓得全身冒汗，半天说不出话来："愚人坐在家里——雷霆来揭屋顶，惹出了天大的祸事。"

勒格阿史呢？得知利利兹莫家的人射死了他那两条十分凶恶的狼狗的消息后，加上身边有人不停地挑拨离间，他越想越冒火，愤怒地说："打狗就是欺主，我要派兵去收拾利利兹莫。"很快，调集了兵员……并发出消息给利利兹莫家了。

勒格阿史家便以此借口发兵攻打美姑的利利兹莫家。于是，两家兹莫势如水火。为了制止两兹莫间打仗，前来帮调解的人如蜜蜂来来往往不停，都奉劝利利兹莫家和勒格阿史家不要出兵，说什么打起仗来的话会伤及无辜的百姓，等等。

利利兹莫是个有善心的人，他常常说："要向求爱者开亲，对仇者要抗击。沾在身的土要抖掉，来侵犯的敌人要消灭。"他听说勒格阿史家要出兵打他的消息后，立刻喊来了辖区有名望的德古来谋事。有的德古这样说："兹莫应该到别处暂避避。"有的德古那样说："出银赔款和好。"有的德谷又这样说："集合强壮的丁兵进行抵抗。"等等。利利兹莫被说得头昏眼花，心虚地说："在来犯之敌面前，躲避不是个好办法，我辖区内那么多百姓的安危，不是躲一天、两天的事；跟他讲和或用金银赔偿给他的话，他认为我利利兹莫家软弱可欺，败坏我利利兹莫家的名声；可集兵抵抗吧，力量又太悬殊啊。"这些德古聚在一起商议了三天三夜也没有商议个头绪来。

到第四天时，有一个放猪娃身穿烂襟襟，头戴烂斗笠，赶猪从议事场边路过。放猪娃说："我来说两句，只是大人们坐的地方，蒙童不好开腔，小马驹踩不平地，小孩儿说话不周全。"德古们说没关系。放猪娃说："依我看，勒格家兵来了，把那个曾降服过敬牛的大力士阿苏斯惹请来抵抗，也许能阻止强敌。"德古们听了咋舌惊叹，人人赞同，大家都说："这个办法好，请阿苏斯惹来抵御强敌。"利利兹莫便采纳了放猪娃的意见，立即派人请阿苏斯惹。（后来彝族有句名言："德古的话语权，出自放猪娃嘴。"就是从这里来的。）

于是，利利兹莫家决定请阿苏斯惹来抵抗勒格阿史家的千兵百将。而且当场许诺说："只要能够抵挡住勒格家的兵，赏的金子要过秤称，赠的银子用斗量，其他的牛羊随他用鞭子赶。"阿苏斯惹说："勒格家的兵我一个人不仅能够抵抗住，而且还能把他们全部消灭掉。"阿苏斯惹被请到了利利兹莫家。阿苏斯惹说："给金不要金，给银不要银，什么都不要，我只要利利兹莫家那个女儿诗霞。"利利兹莫听后想了很多，若给女儿降低了我利利兹莫的身份，不给女儿制服不了强敌。蛇盘鸡窝蛋，打蛇怕打坏蛋，取蛋又怕蛇咬，左思右想也想不出个好办法来，在大祸临头，敌强我弱之时，为了保全利利兹莫家的安宁，利利兹莫只好忍辱把女儿许配给阿苏斯惹了。结果定亲的喜酒喝了9坛，定亲的牛杀了3头。

14天以后，勒格阿史家果然出兵来打利利兹莫家了，前来打仗的兵像蚂蚁一样接连不断地压过来。当利利兹莫家的兵看到这样的场面后，已经被吓得魂飞魄散，个个急得在兹莫的屋前团团转。兹莫为了稳住兵丁们的情绪，赶紧杀牛斟酒款待他的兵丁和被请来助战的阿苏斯惹。牛肉装在一簸箕里给阿苏斯惹吃，他吃光了一簸箕牛肉后还说不够吃，再拿一腿牛肉给他，他边烧边吃，很快又把这一腿牛肉吃下肚了。大家看到了都吃惊，都说阿苏斯惹是个"神人仙子"。

勒格阿史家的兵持着数不清的戈矛，挥舞着锋利的宝剑，刀剑在闪光，如鹰翅在翻翔，前沿的兵到了竹核坝子，后续部队还在昭觉河边。利利兹莫家的哨兵跑来说："勒格阿史家的兵已经到了美姑河，将从依洛拉达山梁上下来，很快打进我们的地盘。"刚刚许配给阿苏斯惹的诗霞姑娘也用藐视的话说："可悲啊，可悲啊！我的阿爸眼睁睁地看着被人骗了！"而阿苏斯惹自有自己的打仗谋略，仍然稳坐在火塘边用手剔牙。

利利兹莫家又急忙派重兵设置障碍，坚守各个要道、路口，一场你死我活的血战就要在利利兹莫家的地方出现了。利利兹莫看到这状况，心急如焚，走进走出，不知如何是好。请来抵抗敌人的阿苏斯惹却无事一般，拉伸睡在竹席上了。有哨兵来报：勒格阿史家的精兵强将已经到了瓦洛河边，一部分兵已经到了瓦库尔库。赶快派阿苏斯惹去应战。阿苏斯惹却说："你们慌什么？我连敌人的动静都还没听到。"说着他又倒下继续睡。他的未婚妻诗霞又在房间里说："希望的事情不是痛苦，失望的事情才是悲伤，石板上长青苔，青苔滑倒人。"这时又有兵丁来报："勒格阿史家的兵已从里木甲谷坪子上来了，打前沿的兵已下了山梁。赶快叫醒阿苏斯惹！"他们把阿苏斯惹摇醒了。阿苏斯惹起来后，光是吩咐那些在身旁的兵丁："快去找一个犁铧尖来烧起。"说完他又倒下睡着了。

约有吸一袋烟的功夫，勒格阿史家的兵吼声震荡了整个山谷，连那高空飞翔的鸟都被那兵吼声震落。阿苏斯惹这才起身，然后用右手擦了一下眼屎，走到屋前去观看，只看到勒格阿史家的兵个个手持戈矛盾牌，身穿铠甲，黑压压一片，向利利兹莫家的房子四周围拢来，离三丈长的地方时，阿苏斯惹这才不慌不忙地去准备杀敌的武器，他搬倒了屋前的一棵大杉树，用手拨去树干上的枝叶，折断了杉树的两头，将在火塘里烧得通红的犁铧尖插在杉树的顶端，等待那些敌人的到来。这时勒格阿史家的兵已冲到了屋前，利利兹莫和他的护卫兵已经与勒格阿史家的兵厮杀了起来。眼看着利利兹莫被对方杀倒时，阿苏斯惹这才手持那一丈长的杉树插上通红的犁铧尖，趁火星四溅，像只猛虎跳入羊群那样，朝敌阵猛冲过去，他左右开打，打得勒格阿史家的兵丢盔弃甲，纷纷朝后退去。

顿时，兵败如山倒，勒格阿史家的兵，顿时像一群无头的羊群那样四处奔逃，有的被吓得逃跑时不小心坠岩死了（至今那里还叫摔兵岩），有的被吓得逃进河水淹没了。勒格阿史家的兵伤亡惨重，渡过美姑河，残兵败将不到一百人，阿苏斯惹未等勒格阿史家的兵换口气，又乘胜追击，一口气再把勒格阿史家的兵赶到昭觉对门山上去了。等勒格阿史家的兵退到自己的地盘时只剩下八十余人（此山故名为八十山），又继续被追击到昭觉河旁，等待战斗结束时只剩下一个老头儿能活着渡过昭觉河，后来彝族有格言称："千兵渡过美姑河，返时不到一百兵""昭觉河上父回来，子未归"。

勒格阿史为了打败利利兹莫，派出了那么多精兵强将，反而被英勇善战的阿苏斯惹给打死了，只有一个老头幸运地逃了回来。勒格阿史的上千精兵中只剩一个残兵，成群的羊只剩一只独羊，称雄一方的勒格阿史连做梦都没有想到，不听毕阿史拉则的结果会是这样，不仅没有打败利利兹莫，反而被对方打得大败。那幸存的老头这样对勒格阿史讲："我打过许多仗，为兹莫大人争过荣誉，从未遇到过这样强的对手，此人好像是神仙在暗里助他，看见他我心里就发慌，想起他我夜里做噩梦，眼睛看见的会相信，耳朵听到的会说'不真'，可悲啊！可悲啊！我们多少将士死于他的手，我们多少勇士亡于他的手。"

勒格阿史听了很不是滋味，从此病倒再也起不来了。

（吉克伍沙 讲述）

异文：

有一年冬天，毕阿史拉则和几个徒弟一起准备到嘎尔莫波去，当他们从西昌走到昭觉的四开时，当地的彝民正在大量地砍伐树木，准备修建防御工事，他们听说美姑那边的利利兹莫家准备打到西昌来。毕阿史拉则听说后问，利利兹莫家真的打过来了？兹莫不可能亲自出战，是谁带部落兵打过来的？当地彝民告诉说，是毕阿史拉则的大徒弟——神人阿苏斯惹时，毕阿史拉则的其他师徒们听后哈哈哈地笑了。

毕阿史拉则对当地的彝民说，阿苏斯惹没带部落兵打过来，他就在我们中间，指着阿苏斯惹说，他就是阿苏斯惹，我嘛，就是你们听说过的毕阿史拉则。四开当地的彝民不相信，就砍来一棵大树让毕阿史拉则做"色演木"（彝族毕摩在树干上用刀刻上符号，然后占卜吉凶或胜负的一种仪式）。

仪式做完后，毕阿史拉则说，利利兹莫家不会打过来了，因为西昌的勒格阿史兹莫家的部落兵已经在美姑打了败仗。后来，四开这个地方才开始叫"四开"，意思是"毕阿史拉则砍树杆做占卜的地方"。"四"，是彝语，"树"或"树木"的意思；"开"，就是"砍""砍树"的意思。不到一顿饭的工夫，前方有人传了消息说，西昌勒格阿史兹莫家的部落兵有一部分已经逃到昭觉坝子，即原昭觉二中对面的"叫顶山"，彝语称之为"黑彻波"；一部分部落兵已经逃至拉哈依乌河边，即现在的昭觉县树坪乡政府附近石灰窑下边的那条河流——拉哈河。至今，彝族民间中传说的"千万之兵去宁木美姑出征，回归的却不到一百人""拉哈依乌河边父子兵同去出征，只见父归却不见子返"，就是指两家兹莫开战以后最后的结局。

传说，西昌勒格阿史兹莫家在美姑打了败仗，逃兵跑到昭觉城东南"黑彻波"（叫顶山）清点部落兵时，只剩下了八十人，"黑彻波"就是彝语"八十山"的意思；"黑彻"就是"八十"，"波"就是"山"。其实，当时的部落兵还有八十一人，由于清点部落兵的人很慌张怕后面的追兵赶到，左数右点部落兵时，都没有把自己数进去，就这样部落兵只有八十人，"黑彻波"（八十山）就此而来。

（诗普尼温　讲述）

"毕阿史拉则传说"除以上流传的内容外，在凉山其他地方还有各种故事，但口头流传比书面流传的数量多得多，且丰富多彩，灵活多样。

一　凉山东部的流传情况

凉山东部（包括美姑、金阳、昭觉、布拖、雷波）有关毕阿史拉则的传说较多。我们经过多方调查访问，毕阿史拉则出生于江（金沙江）对岸的木兹拉伙（为今云南省巧家县境），其妻为江对面的斯耿土司之女。据彝经《颂毕祖·毕阿史拉则》中的记载和民间传说，毕阿史拉则三岁立志，五岁从师学毕，八岁出师，九岁纳待，为神童。成人后又施毕在四方，广交朋友，其足迹遍及川南大小凉山和云南巧家昭通等地。东部民间传说既有毕阿史拉则与阿兹额莫土司斗智斗勇，最终让不可一世的阿兹额莫败下阵去的奇趣故事，也有描述他"呼气则成风，眨眼则下雨，举手则雷鸣，投足则地震""一日咒山哗哗倒、一日复山巍巍立"的神话般传说，还有毕阿史拉则与同时代的毕摩大师阿格索祖、阿克俄伙一起参加过部落首领、土司王府举行的诵经大赛，并获得金签筒（法器）大礼的传说等。毕阿史拉则老了以后曾住于美姑县的吉特窝伙，并故于此。因为该处现有闻名遐迩的毕阿史拉则水井、毕阿史拉则屋基、毕阿史拉则放马处和毕阿史拉则之子格楚的墓地等遗迹，彝族民谚和经书已说——"毕源自窝伙"。

依《颂毕祖·毕阿史拉则》之记载，说当时凉山地区自然环境风险，有猛虎、毒蛇、巨鸥、狗熊等威胁人类的生产生活，为了救民于水火之中，毕阿史拉则创造机关、陷阱、弓箭等将其灭绝，为民除害，可见他还是一个心灵手巧的发明家。传说毕阿史拉则是一个多才多艺的天才人物，不愧为彝族历史上最为著名的民间圣人。现在在凉山东部民间流传的毕阿史拉则的传说就属于这一类。

凉山东部民间流传毕阿史拉则去逝后，他将重要的经书和法具分别传与其各支子孙。经书为以"尔陈兹系"的"吴其曲比"家所得，至今还在袭用，只是在辗转传抄过程中有了很大的变异，已经不是原来的样子了。法铃则为"吴其"家所得后不慎流失〔按：近年在吉特窝伙附近发现一奇特的法铃，上有猛虎雄鹰、鹿、鱼和神枝（金枝）等多种具有浓郁彝族风格的雕刻缕镶，为许多人亲眼所见。都认为这是毕阿史拉则遗留的文物，民间以为神圣，现藏于美姑县文化馆〕。法笠为"以尔比兹系"的"阿尔"家所得，据说于民改时期在中普雄被收缴流失。其签筒则为"以尔吉批"系的索体家长子接演支所得，传至热解拉惹世时因绝嗣而于今美始县瓦吉乡的比尔。过后，修祠将签筒和经书等放置其中。

另外从毕阿史拉则的传世谱系中也可以看出"……阿苏拉则—拉则格楚—格楚格果—格果阿祖—阿祖依勒—依勒阿称—职称比称—比称吉克"，至此，吉克有七个儿子，俗称"吉克惹史家"，从大到小的排列顺序是：吉克里色、吉克阿育、吉克什嘎、吉克吉布、吉克吉说、吉克吉木、吉克吉达。其中，吉木、吉达称居云南，四川境内只有前五家，并由吉克负责祭祀。各地毕阿史拉则子孙和民众都有慕名前来拜祀求祈者云，这就是著名的毕阿史拉则藏经楼。据说考证，该楼的屋基以 1.5 米高的石条砌成，整个屋子呈雕楼形式，门前有一对石狮，乃为吉克家的一个汉族石匠所立（这个石匠的六世孙现住于雷波县箐口乡大保村四组），该祠至今仍有其遗迹可查。据谱系计算，此祠大概建于约 100 多年前的清宣统年间。传到吉克绍古去世时（大概是民主改革前不久）因故曾转而由的惹格波氏祭过一次（的惹格波之子现住美姑县瓦古乡利觉村），到民主改革时将此祠废毁，其中的签筒（分公、母、子大小三根）则由后来担任过美姑县文化馆馆长的梁昌权同志和两个士兵带回，交给政府置于当时的凉山州府昭觉，后被国家博物馆收藏。此外，在今美姑县九口乡附近也有传为当年毕阿史拉则咒人时用过的烧石，为当地民众所崇敬，以为神迹。

　　毕阿史拉则的传说故事和毕摩文献里面保存得最多，最完整，口头流传于四川境内的大部分彝区和云南境内的中甸、宁蒗、华坪、永善、大理等彝区。但现存的文献具有独特特点是：书面字形多保持圆体，笔画粗壮匀称，很少有笔锋，用字通假代用现象突出，表音趋向明显；纸书装帧多数为"用竹线订卷锉装"，内容虽有"毕摩文献"与"民众文献"之分，但毕摩文献占绝大部分，受外来宗教文化的影响较小。但这里的老人也好，中青年也好都十分喜欢毕阿史拉则的故事，而且许多人至今还能用彝族母语流利地讲述毕阿史拉则故事，对毕阿史拉则相当崇拜，讲述的内容也多，讲述人很少用汉语讲述，基本上保持了浓厚的彝族风味在里面。毕阿史拉则的情况也不例外，有关毕阿史拉则的神话、传说、故事、典故等民间口头传说几乎形成完整的体系。除了大部分口头流传的以外，基本上与书面文献中的记载一致。

二　凉山北部的流传情况

　　凉山北部（包括乐山市的峨边、马边、甘孜州九龙县、泸定县，汉源县的九襄）有关毕阿史拉则的彝族文献不多，能够讲述毕阿史拉则故事的人相当少，讲述的内容也不多，讲述人多用汉语讲述，基本上汉化了，没有彝族的风味在里面。毕阿史拉则的情况也不例外，有关毕阿史拉则的神话、传说、故事、典故等民间口头传说几乎不成体系。当然，还有部分口头流传的，但与书面文献的基本不一致，在凉山北部有关毕阿史拉则故事文献中，文学类的数量不多，目前笔者所见到的和所查阅到的资料较少。

　　这些口耳相传讲述流传的神话、传说、故事、英雄史诗类当中，都或多或少地讲述毕阿史拉则幼时若愚若钝，娶妻成家之后，常隐于深山用半猫半鸦的怪物（有的说是猴）所吐之黑血观其鹤舞而创字书，至此转聪，为一代书祖，类似于汉族的仓颉造书之说。但大部分传说都说毕阿史拉则生前编撰了许多彝文，他去世后，担心再也没有人认得这些字了。所以，他死后心里一直牵挂着后继有人的问题，就变成一只布谷鸟，在山林里吐着血在一块石板上用它的尖嘴写字，教他哑巴的儿子拉则格楚学造字、认字。从中可以窥见毕阿史拉则是个大智若愚的圣人。这些地方有的说创字书者是拉则之子格楚，舞鹤则是毕阿史拉则之魂灵所变来指导愚子格楚者。无论创字书的是毕阿史拉则还是格楚，我们都可据此和民间毕摩关于毕阿史拉则首创现今的祭祀类书籍之说，并结合毕阿史拉则所处的历史时代特征以及毕摩经书中对毕阿史拉则的极力推崇中推想出，毕阿史拉则是曾经对彝文进行过规范、整理、改革，并根据当时的巫术宗教习俗，收集大量零散于民间的口头文学，在"百家争鸣"环境中加以创造发挥而编撰过大量经典文学作品的一代大师。而这些经典乃是彝族文化遗产中最为精华的诗歌传统，它对后世彝族诗文的发展有着深远的影响。由此可知毕阿史拉则在彝族文学史上的历史地位。再说这些经典作为一种宗教经文，其主要旨意是为了驱鬼禳灾，祛除病疫，祈求人畜安康，五谷丰登，并宣扬一种对于公正的太阳神的虔诚信仰。在那生产力极不发达的时代，吟诵这些经文可以给人一种神圣的安慰，消除艰难环境给人造成的沉重压抑，这就是宗教的一种初始的目的和作用。因此又可知毕阿史拉则在宗教意义上是可作为一个教主而受毕摩和凡人崇拜的。对这些经典中有着很多史诗的成分，记载了彝族先民的历史传统和著名的历史传说人物的业绩及其谱系源流，可见毕阿史拉则又是个通晓古今的一代史学家。有关经书中还记载了彝民族长期与疾病作斗争的经验和彝民对疾病、药物、药理的认识，可知毕阿史拉则对彝族医学的发展也作出过贡献。又载毕阿史拉则游毕四方，常到汉区去购买纸张笔墨等，说明毕阿史拉则在彝汉文化交流史上也作出过积极的贡献。

三 凉山南部的流传情况

除了四川省宁南县、德昌县、会理县、会东县等外，还有云南省的迪庆州和云南境内的丽江、宁蒗、华坪等，有关毕阿史拉则的彝族文献不多，能够讲述毕阿史拉则故事的人相对更少，讲述的内容也不多，讲述人多用汉语讲述。这些地方虽然有少数经书和木刻板本，但都用劣质的草纸或白纸写成，是用剖开的竹片削尖当笔书写的，写好后的书或手抄本再用野生箭竹夹着，再用棉线或麻线来缝上，这就是彝族最具特色的"毕摩"装订成册的一本经书了，却没有印刷成册的毕摩书籍，也没有完整的图书资料储存库，许多毕摩书籍仅在极少数群众和从事宗教职业的"毕摩"（巫师）手中流传着一定数量的古彝文手抄本，且这些都是从凉山手抄过去的，实有文本实在是微乎其微。

四 毕阿史拉则传说的文献情况

《颂毕祖·毕阿史拉则》中有关毕阿史拉则为民除害的记述内容丰富。据彝族父子连名普谱系推算，从阿都尔坡世下传 15 代到毕阿史拉则世，从毕阿史拉则世下传至现代人共约 33 代。毕阿史拉则是彝族民间传统宗教近古史上曾经对彝族宗教经典进行过系统地整理、规范和再创作的又一大毕摩宗师。他在对由维勒丘布时代发明撰写并由后世毕摩在经过几千年辗转抄承中，由后世毕摩们任意增删而造成混乱的宗教典籍进行规范时，特别对驱咒禳解（毕摩经典中的传统分法称为"嘎几"）部分进行了重点整理、规范和增补、编纂工作。

经毕阿史拉则重新规范、编纂和增补的驱咒经主要有《驱鬼经》《红狮逐敌经》《赤狐经》《驱逐猴瘟经》《驱痨经》《乌撒逐敌经》《俄迪逐敌经》《神禽经》《难字经》《赎魂经》《指路经》《十二生肖起源经》《送魂经》《咒鬼经》《送灵经》《唤魂经》《君臣迁徙史》《贵族谱碟史》《灵水经》《福禄经典颂》《土地吉祥经》《祖坟立碑经》《祈祷经》《灵牌经》《烧石经》《水魂经》《阴阳地界经》《祭祀经》《风雨经》《灵魂升空经》《毕摩经典经》《颂酒经》《治病神语经》《地基永恒经》《金银闪光经》《域外天地经》《山区安祥经》《日月昼夜经》《毕摩祖传经》等，大约 300 万字，有建树的毕摩甚至可背上千万字的经文，现在留存的有：由人血写就的《从者哈木里》《牛阿牛里则》，由狐狸血写就的《阿举斯木里》；由鹿血写就的《解古驰达则》，由豺狼血写就的《武低武撒则》，由活狮子血写就的《拉里革玉则》，由岩鹰血写就的《索它旺理则》，由黄蜂刺蘸鲜血写就的《德尔输窝则》《积史匹自则》，由神兽血写就的《比尔汪木几》，此外，还有反箭防咒经《喜合特依》、专用反咒经《则克特依》以及大毕摩才有的圣语神言《丘布卡哈则》等。这些咒语经平时不能放于家中，一般都放在人畜不能及的高山岩洞里，使用时专程去取来并念上经后，才能够使用。

从以上关于毕阿史拉则传说的基本情况来看，毕阿史拉则先居云南，曾作为使者到凉山各地考察地理山川和居住环境，作为一个毕摩他又是占星家，可见他上知天文，下察地理，可以看作是彝族天文地理学的一代宗师。毕阿史拉则曾经在美姑利利格家时与利利阿佳商讨建立联姻法、土地法、家支法、环保法等地方法规，可见毕阿史拉则又是个立法者，还是个政治系统中的参议员。西昌的勒格阿史家因故发兵攻打美姑时，毕阿史拉则曾作为军师，可知毕阿史拉则在当时的军事方面也有着举足轻重的地位。其以传统口述文学的形式在彝族民间广为流传，在彝族民间具有广泛的群众性。

关于毕阿史拉则与阿格索祖、阿克俄伙三人同赴成都应试的传说，在许多彝族毕摩经里面早有记载。很具有历史文化内涵，彝族人把这些经书作为自己的历史书看待。千百年来，这些尊老爱幼的习俗和崇尚精神，在彝族地区一代一代地鼓舞着彝族人上进，也一代一代地净化了彝族人民的心灵。这就是彝族对毕阿史拉则的精神代代相传的原因。

第三节　毕阿史拉则传说的特征

一代毕摩宗师毕阿史拉则的传说在彝区广泛流传，且千年不断，一个以个人为主体的传说故事传播地域如此之广，延续历史如此之长，实属罕见。这主要是除彝族文化的自主和自觉因素外，还取决于毕摩文化精神在激励人们对人生追求中的文化力量以及其独有的文化感召力。在传承发展中体现出极具文化内涵的特征。

（一）具有广泛的群众性和民间传承性

"毕阿史拉则传说"是凉山彝族人民口耳相传、津津乐道、喜闻乐见的以讲述一个人为中心的民间传说精品，具有广泛的群众性和民间传承性。在各地传说中，存在着整体的相似性与局部描述的差异性区别。这充分体现了彝族居住区域广阔，人口分布广、文化内涵丰富的人文特点和彝人追求幸福安康中对神灵及毕摩的崇拜。同时，通过民间的自主传承和发展，使毕摩文化成为云、贵、川彝区普通民众的共同的追求和信仰，并在继承和发展中融入了本地区地理、自然、风俗等内容，使之成为极具地域特色的本土毕摩文化，在一定程度上丰富和发展了毕阿史拉则传说的内容及其毕摩文化内涵。因此，为毕摩文化的发展奠定了社会基础和传承条件。

（二）贯穿彝族人民对毕摩及其文化精神的崇拜和尊敬

"毕阿史拉则传说"记载并流传的是一个一千年前彝族毕摩大师毕阿史拉则智慧、善良、勇敢、聪明的宗师形象。他是以担负拯救人们灵魂、健康生命和祈求幸福使命的彝族宗教传奇人物，是彝族毕摩中的典型人物，代表着一代宗师的形象。因此，成为当今彝族毕摩们共同追求的精神化身和毕生崇敬和尊敬的"毕神"。从这些传说故事中，也反映出凉山彝族人民对毕摩及其文化精神的崇拜和尊敬，以及对本民族文字的追求和喜爱。

（三）弘扬彝族古老彝语、彝文在彝族文化传承发展中的作用

运用凉山彝族古老彝语、彝文，结合凉山本土区域语言（方言）中的常用词语，甚至用凉山几大方言区的土语演述和记载"毕阿史拉则传说"的故事是凉山各地彝族老百姓继承、发展毕摩文化的基本特征之一。彝语、彝文是中国历史悠久的少数民族语言文字之一，是千百年来彝族文化与精神延续的唯一载体，也是彝民族文化源远流长的表征。用古老的彝语和彝文传诵、记载毕阿史拉则的事迹和毕摩经书，形成彝语文与经书传说相互依存发展，相得益彰的文化良好环境，使之传承不断代流失，发展不变异废弃，其生命力也因此源远流长，悠久历史发扬光大。这也充分体现出毕阿史拉则创制和传承彝文的传说一

直在民间传播的基本因素。

（四）表达方式独具特色，极具彝族语言艺术特征

作为传说故事，"毕阿史拉则传说"有两种基本表达方式：一种是洞经音乐体，多在祈求安神等场合诵唱。毕摩经书内容繁多，诵唱形成多样，且在作不同的祭祀、念经作毕时用不同音调诵唱。经书的诵唱，配以时而高昂、时而委婉的音乐曲调，似高山流水时而悲愤、时而欢快的曲调，则似刀剑或蜜糖沁入心间。诵唱时音抑顿挫，乐感节奏强，是一曲典型的古老彝歌，辅之动作展示出毕摩心口合一，天地融为一体的认识观和审美观。一种是诗歌叙事体，多是以诵唱的方式讲述。一般为彝族民众在喜、丧事或调解纠纷场合自发倾诉或表达时使用。或摘引引用毕阿史拉则传说故事用以说明事理，或颂扬毕阿史拉则在毕中的神威力量，用以对人的一种精神鼓舞，彰显的是对毕阿史拉则文化精神的传承和弘扬，其音调曲词一般是口头语言的表述方式，但诵唱的语句朗朗上口，平仄相间，富有较强的曲律美，说者与听者在感情上容易产生共鸣。

第四节　毕阿史拉则传说的价值

一　民间文学价值

"毕阿史拉则传说"出自并流传于凉山彝族地区的民间，是一个广泛流传在彝区，且是一个富有地方特色和彝族特色的文学经典传说作品。其传说故事的数量在凉山彝族民间故事中占有较大的比例，内容丰富多彩，形式变化多样，有重要的文学艺术价值。其内容涵盖了宗教故事、英雄故事和智慧故事等不同种类，在宗教和世俗社会生活中都有较大的影响。

作为历史久远的民间文学作品，"毕阿史拉则传说"在形式上有诗体诵唱和白话讲述两种演述方式。在诵唱和演述方式上，诵唱或演述者往往是通过运

用拟人、比喻、夸张等修辞手段，对毕阿史拉则这个人物的肖像、语言、行为、心理、精神等进行生动描述，语言优美，朗朗上口，因此，其语言艺术比一般的传说故事有更强的艺术感染力。凉山彝族的"毕摩"经书（包括手抄本）虽然大部分常为其原始宗教服务，但我们若善于辨别、分析、使用，就会发现其中许多篇章也具有一定的科研价值。尤其对于文字简单、史料缺乏、纪年方法不精密，迄今历史记载不全的凉山彝族来说，任何有关涉及彝族历史、社会的资料，都可以说是无价之宝。因为通过这些隐约可辨的资料，有可能使这一民族湮没已久的历史逐步显现出来。若能弄清这两千年以来的凉山彝族史，将有利于研究其他有关民族的来源、迁徙路径、社会和历史。这样，对于有关民族的族源、族别、社会、历史等问题就可以做出比较科学的解释，并取得令人信服的研究成果。我们也就有可能写出一部包括各民族史在内的比较完整的中国历史了。

二　历史价值

毕阿史拉则是彝族社会历史长河里具有标志性的历史人物。我们可以从其许多传说故事篇章中窥探出当时彝区的点滴面貌和历史发展轨迹，并从中总结出他在规范统一彝族文字，改革调整毕摩作法仪式、程序、礼仪等方面做出的较大贡献，在其传说故事和后来的文献资料中均可窥探出彝族历史发展的基本脉络。在传说和故事里表达记载与演述的人名、地名、故事内容，对于为研究了解彝族历史人物、历史事件和风土人情等彝族文化方面提供了具有较强借鉴和参考价值的口传资料。

三　民族学、人类学价值

"毕阿史拉则传说"是凉山彝族社会、宗教、哲学以及精神、信仰、价值取向等方面在文学艺术中的具体表现。传说故事里表述的当时年代的毕阿史拉则以及凉山彝族民间的衣食住行、风土人情具体事项，包含有彝族古代的语言、文字、哲学、历史、谱牒、地理、天文、历法、民俗、伦理、文学、艺术、医学、农学、技艺等资料和信息，有较高的民族学、人类学研究价值，特别是其毕文化中的伦理道德、和谐理念对建设和弘扬社会主义核心价值观有一定的意义。"毕阿史拉则传说"中记载的毕阿史拉则的谱系、史事和人类起源、民族起源及其相互关系等内容，对研究彝民族历史文化有重要的借鉴和参考价值。传说用诗歌体的文学形式，通过以超现实主义的神话色彩，叙述和描写了古代彝族英雄毕阿史拉则的高超技能，以及与民一心，惩恶扬善的生平传说和事迹，具有极富表现力的彝族历史脉络和轨迹、历史片断。这里重点分析一下其民族历史方面的价值。

"毕阿史拉则传说"给有志于从事毕阿史拉则文化研究者提供原始、真实的第一手材料，以文本的形式忠实再现毕阿史拉则民间流传的原貌。因此，本书是研究彝族历史、军事、宗教、民俗、礼仪、伦理等方面提供有价值的首部权威版本，也是课题重要任务和创新之处。

"毕阿史拉则传说"积淀着深厚的彝族传统文化，彰显彝族人民勤劳勇敢、足智多谋、勇于追求的精神。大力搜集整理毕阿史拉则文献，考察毕阿史拉则故事流传情况，对于激活族群记忆，加强文化认同，促进人文思考，繁荣后世文学，推进共同发展繁荣具有重要意义。

进一步加大"毕阿史拉则传说"的搜集、整理，推出高质量的精品文本，对于发挥文献品牌效益和把民族文化资源转变为民族文化资本，促进民族文化和地方旅游业发展，构建和谐社会中必将能起到独特的推动作用。

"毕阿史拉则传说"以民间流传的故事作为搜集的主体对象，更能贴近彝族民间的实际生活，也有利于研究毕阿史拉则的文化精神。以文本和口传并重的形式进行搜集和整理，并形成文字书稿，对于扩大毕阿史拉则在全国彝族地区的影响，增强彝民族的民族认同感，促进彝族地区与全国同步实现小康具有重要意义。

"毕阿史拉则传说"的出版成果对于留存容易流失的族群记忆具有不可替代性，同时对于口头传承发展毕阿史拉则的毕文化和文本中体现出的极具特色的彝族文化会起到抢救和保护的作用，在教育后人，传承文化和在新时期国家政治文明、物质文明、精神文明、生态文明建设中有一定的参考借鉴价值。

四　艺术价值

"毕阿史拉则传说"通过运用拟人、比喻、夸张等极具彝族语言特点的修辞手段，对毕阿史拉则这个人物的肖像、语言、行为、心理、精神等进行生动描述，语言优美，平仄相间，朗朗上口，曲律感强，因此，其语言有更强的艺术感染力，易产生感情共鸣。在人物形象的描写和刻画方面，文本运用极具彝族特色的语言艺术形式，以韵文式语言融描写、叙述、议论、抒情等多种方式，真实生动地还原了彝族先民部落狩猎、战争、爱情、宗教、伦理、民俗及医药等神奇生活的历史场景，塑造了一批以毕阿史拉则为代表的典型的人物性格，反映了当时彝族社会生活中的"真、善、美"与"假、丑、恶"。以人物之间的矛盾为中心推动故事情节的发展，并在人与人、人与事的相互关系中塑造人物形象，以的典型人物形象、曲折的故事情节着力体现其主题思想，反映的事件虽神奇却有现实生活作为基础，体现的思想虽奇特却有较强的教育意义。文本虽融现实主义、浪漫主义于一体，但现实主义因素较为厚重，这是现实主义创作手法在文本中的具体运用。因此，其有着较高的文学艺术审美价值，对彝族文学的繁荣和发展有较高的借鉴价值意义。

第五节　毕阿史拉则传说的影响

毕阿史拉则是传承、发展彝族毕摩文化的宗师级典型人物。与英雄支格阿龙齐名，在彝区名声响，影响大，久负盛名。在传承、发展彝族文字及毕摩文化中具有广泛的影响。现依据"毕阿史拉则传说"史料，推断并对"毕阿史拉则传说"作个历史性评价。

一　流传区域广

"毕阿史拉则传说"主要的流传区域除了分布在四川省凉山彝族自治州美姑县、昭觉县、金阳县、布拖县、普格县、喜德县、冕宁县、越西县、西昌市、宁南县、德昌县、会理县、会东县等外，还有四川乐山市的峨边、马边，甘孜州九龙县、泸定县，汉源县的九襄，云南省昭通地区和云南境内的中甸、宁蒗、华坪、永善、大理等，以及贵州的威宁、赫章等彝族聚居区广为流传，可谓家喻户晓，流传区域人口至少有 1000 万人。

从悠久的历史发展过程中，有关毕阿史拉则传说故事经过不同区域的彝族劳动人民结合各自区域特色，不断创作、积累、交流、融汇、丰富和发展了具有鲜明特色的彝族民间文艺，不仅有抄录和刻印的书面文学，而且更主要的是具有品种、类别繁多的民间文艺版本，它是凉山彝族文化宝库中一朵瑰丽而珍贵的鲜花。毕阿史拉则故事无论在广大的民间还是在作为统治阶层的部落首领、土司、黑彝等贵族间都十分盛行。远在元、明、清时期就已经有"毕阿史拉则传说"在彝族民间中广泛流传，至今还在凉山彝族民间广泛传播着这珍贵而动人的传说故事，是彝族民间文学难能可贵的重要资料。

二　文献品种多，内容丰富

"毕阿史拉则传说"是通过采访民间艺人和毕摩以及调查所得到的大量的第一手资料进行整理而成的。因流传区域特色不同、生活环境差异较大，不同的区域出现了不同版本的传播文本，使其内容多样。但传说故事的主要人物均是毕阿史拉则，叙述反映的都是毕摩及其文化。"毕阿史拉则传说"全面讲述了一个一千多年前彝族大毕摩毕阿史拉则以智慧、善良、勇敢、聪明的形象。各故事之间衔接连贯，情节生动活泼，其中的民风民俗古朴，本土语言浓郁，是研究彝族社会历史、语言文化、民俗礼仪、民居建筑、服饰饮食、部落战争、宗教信仰等不可多得的第一手珍贵资料。这些十分珍贵的精神财富，将为不同学科的研究者，从原矿中挖掘自己所需要的宝藏提供了机会；千百年来在彝族地区有关毕阿史拉则的神奇故事像"爷爷的话留给孙子，父亲的话留给儿子"这样代代相传着，像涓涓溪水汇入大海，像子孙流着父辈的鲜血那样永不枯竭，生生不息地流传了下来。随着历史的变迁，这些珍贵的毕阿史拉则故事必将引起各级政府的高度重视，有助于地方文化的进一步开发，特别是在打造民族旅游品牌当中，不仅具有较高的艺术价值，而且对于及时抢救和保护"濒危"的彝族口承文学记忆，传播和研究非物质文化遗产都具有十分重要的意义。

三　毕阿史拉则是狩猎的行家里手

从"毕阿史拉则传说"和《颂毕祖·毕阿史拉则》中可以看出，上千年以前，凉山地广人稀，森林广阔茂密，人口稀少，林中各种野兽成群，非常凶猛，经常出没于田间地头伤人，严重威胁到人们的生命财产和安全，人们不敢进森林、不敢牧羊、不敢出远门走亲访友，生活在恐慌之中。当时，彝区农耕畜牧并存，主要生产生活靠的也是畜牧业，且生产力落后，处于刀耕火种的原始生产状态，生产力的低下与野兽的威胁成为当时影响人们劳动与生活的重要障碍。毕阿史拉则了解这些事关生活与安全的情况后，积极想办法，以狩猎的方式消除凶猛的野兽，为民除害，确保了一方平安，人们安居乐业，为生产的发展和生产力的提高提供了保障。毕阿史拉则保一方平安的行为受到族人颂扬，他的威望不断提升，名声越来越大，民众对毕阿史拉则的尊敬前所未有，视为民族的救世主。

四　毕阿史拉则是杰出的彝族医药家

"毕阿史拉则传说"和《颂毕祖·毕阿史拉则》记载了彝族长期与疾病作斗争的经验和彝民对疾病、药物、药理的认识。毕阿史拉则在不同的毕仪式中，根据为病人情况，辅之彝医学知识，采用草药等对病人进行医治，解除了彝人的病痛，被彝人视为民族的救世主。这在传说中均有记载。因此，可以说，毕阿史拉则是杰出的彝族医药家，对彝族医学的发展作出过贡献。在某种程度，他也是彝药学的创建者之一。

第六节　毕阿史拉则传说的开发利用

"毕阿史拉则传说"是彝民族千百年来世代相传的珍贵文化遗产，也是彝族优秀文化的重要组成部分。他从事并建立的毕摩文化与其他民族的宗教形态有较大的不同，极具彝族特色。因此，其文化价值在彝区社会生活中有着重要的影响和广泛的作用。在研究、传承和弘扬毕阿史拉则这种独具特色的文化时，我们的研究者应注意：

第一，在研究"毕阿史拉则传说"的文化价值时，注重"扬弃"与时代发展相结合，在把握其文化的原生形态基础上，提升"毕阿史拉则传说"的内涵，创新、培育区域先进文化，以其文化精神增强民族区域经济发展的推动力。

"毕阿史拉则传说"中的文化积淀厚重，它所体现的是彝族人民在艰苦的环境里，以顽强的毅力、惊人的斗志，团结的精神，依靠自身的劳动和文化力量建设自己的家园，与恶劣的自然环境抗争，这就是一种靠族人团结协作、吃苦耐劳、自强不息、勇于斗争和追求的精神，构建成了彝族的思想道德基础，以及全体族人遵循的社会准则，这实际上是彝族文化的灵魂和精髓，是彝族生存、延续、发展的重要精神支柱，是彝族文化、彝族智慧、彝族心理、彝族情感在毕阿史拉则身上的集中表现，也是彝族价值目标、共同理想、思维法则、文化规范的高度体现。因此，必须紧紧围绕着这一精髓和主轴，在继承与弘扬的前提下，"取其精华，去其糟粕"，在不断创新、弘扬和发展中加以充分研究与利用，为彝区文化和当今的教育、经济发展服务。

第二，研究毕阿史拉则的文化价值，挖掘"毕阿史拉则传说"历史文化题材，打造彝族历史上第一个文化英雄这张文化名片。

在众多彝人中，像"毕阿史拉则传说"那样以一种文化形式、文化精神勇敢地在外来入侵者决斗中发挥作用，以文化传播医治族人的"愚钝"的胆识，在保护自己的部落民族中，用文化影响和引领族人的生活和价值取向，这在彝族历史上唯有毕阿史拉则这个人。因此，这是彝族故事中特有的、极为珍贵的作品。因彝族所有故事当中都很难找到有关一个人为了部落人民，为了保护祖辈开拓的业绩，不被外来入侵者占领，自己身先士卒，带领部落兵英勇顽强地抵抗外来入侵者且达到几十年的优美动人的故事。用今天的文化人类学的视觉来看，它的价值是无法估量的。所以我们一定要以这一文化为载体，建立"毕阿史拉则传说"民俗展览活动，开发建设一批"毕阿史拉则传说"文化设施和文化项目，推动"毕阿史拉则传说"文化产品的开发，构建并形成毕阿史拉则的文化产业链，集中展示。因为"毕阿史拉则传说"涉及的范围较广，其中神话、传说、史诗、歌谣、博葩（起源说）等民间文学元素领域都有毕阿史拉则的故事文化，而且包含着不少难得的古代历史资料。所以合理地把"毕阿史拉则传说"融合于彝族的传统节日，即火把节、婚丧嫁娶、歌舞表演及对外文化交流当中去，使其形成内容更加丰富多彩，民众参与性更强，参与面更广，文化意识和文化自觉更浓的彝族文化名片。在打造《毕阿史拉则传说》文化名片时要必须重视对原生态文化的包装，即把文化内容、内涵的创新和加大对外的宣传紧密结合起来，做到内容更新颖，节目更精彩，文化价值更丰富，给人以赏心悦目的视觉效果和文化艺术享受，以此才会产生较强的文化吸引力。如，在最能集中体现毕阿史拉则文化特色的区域打造毕阿史拉则文化公园，以蜡像或雕塑形式，塑造一幅幅驯养野兽、制作铠甲、送祖灵、媒人与娶亲嫁女泼水嬉戏场景图案，以栩栩如生的文化动态推介、开发、展示毕阿史拉则文化，还可以建一个融毕阿史拉则传说、故事、经书、史料、遗物等为一体的遗址展示宫殿，从彝族文化艺术、建筑特色的角度来展示毕阿史拉则的风采，必然能产生较强的社会和文化效益反响。

第三，通过举办与《毕阿史拉则传说》相关的音乐舞蹈、影视话剧、文学创作和情歌对唱、曲艺（克智）赛等形式，多措并举宣传推介毕阿史拉则文化。

　　第四，挖掘、整理和应用《毕阿史拉则传说》的文化元素符号，因为毕阿史拉则的故事相当精彩、美丽、深奥，像这样优美的题材需要进一步挖掘来"古为今用"。围绕着"一个地方出了一位勇敢的人，那里的人就有了依靠；一个地方出了一位公道正派的人，就会给那儿的人减少纷争；只有心好勇敢的人，才能当英雄"的详细记载，把千百年来，彝族世代尊重的英雄（支格阿龙、勒格斯惹、毕阿史拉则、兹敏阿基、哈叶迭古等）人物和他们尊老爱幼、尊贤重德，而且对英雄特别尊重的生活模式、场景等融入《毕阿史拉则传说》当中所涉及的地名、历史人物、典故中等，甚至对当代彝族生活习俗也会有一定影响，以毕阿史拉则作为题材，创作一部大型的《毕阿史拉则传说》歌舞节目。以此打造传承彝族文化，象征彝族精神，造福广大民众的独一无二的地域文化——《毕阿史拉则传说》文化名片，提升凉山的知名度和美誉度，科学地同彝族传统民俗节日文化一起，打造成彝族传统文化中的精髓。

第四章 邛都洞经音乐

　　洞经音乐是我国最古老的传统音乐之一，被誉为"钧天妙乐"。起源于道教音乐，并受到佛教音乐、宫廷音乐和民间音乐的影响。洞经音乐以文昌文化为载体，通过音乐来宣扬儒家的五伦八德及仁、义、礼、智、信。教化人民敬天畏地，忠于国，孝于亲，和于人。其主旨宣扬崇文、重教、明理、修身、助人、行善。

　　邛都洞经音乐是中国洞经音乐的一个重要分支，最早发源于四川省蓬溪县（公元1165—1173年），是专门祭祀文昌帝君的音乐。① 后流传至著名道教圣地青城山，成为宗教音乐——青城洞经古乐。从青城山脉发端，源远流长，不知已经传承了多少个世纪。据专家考证，如今的云南纳西古乐、西昌的邛都古乐，均承自青城洞经古乐。

　　邛都洞经音乐在长期的流传中，主要通过洞经先生的口传心授和我国传统音乐普遍使用的工尺谱保存。它是目前全国乃至四川保留最完整、最原生的洞经音乐，至迟从明代崇祯年间开始，在西昌境内城乡一带就已流传。它不仅促使了来自江南、湖广各姓移民和睦相处，川西南边疆各少数民族团结、融合，而且起到了敦睦人伦、颐养身心、和谐社会的作用。在音乐形式上，主要采用丝竹细乐为主体，具有庄重、宁静、古朴、典雅的风格。

　　近年来，随着洞经音乐在云南、四川各地的相继发掘，引起了西昌市文化

---

　　① 张正宁：《寻礼州古韵·赏洞经古乐》，《凉山日报》2007年7月11日。

部门和民间有识之士的广泛关注。为了抢救和保护即将濒临消失的邛都洞经音乐，2008 年 7 月 6 日，在当地政府、文化、宗教部门的大力支持下，经过许多有识之士的努力，最终在西昌成立了邛都洞经音乐团，并设礼州、太和、高枧、马道、经久、小庙、西溪、西乡、佑君、川兴等 15 个基层分团。

邛都洞经音乐团成立以后，不仅开展了许多展演活动，而且在推动邛都洞经音乐申报非遗方面取得了一定成绩：

2008 年 7 月，邛都洞经音乐成功申报西昌市非物质文化遗产保护项目。2009 年 9 月，邛都洞经音乐成功申报凉山州非物质文化遗产保护项目。2010 年 8 月 3 日至 9 日，中国艺术研究院巫宇军博士来西昌邛都洞经音乐团考察洞经音乐。2011 年 5 月，邛都洞经音乐团作为该项目的代表性传承单位，应邀参加了联合国 72 个国家在成都举办的第三届国际非物质文化遗产节展演，受到了国家省、州、市领导及社会各界的好评。2011 年 6 月 13 日，邛都洞经音乐成功申报省级非物质文化遗产保护项目，2014 年 11 月 11 日成功申报国家级非遗保护项目。2012 年 3 月 17 日，青海省考察团在凉山州委宣传部和西昌市文化影视新闻局陪同下，在观看了邛都洞经音乐团的谈演后，该省领导十分感慨地说："洞经音乐是中国的无价之宝，它不仅属于中国，而且属于世界。因此，我衷心祝愿并希望洞经音乐这朵美丽的鲜花，能够在伟大的中国长盛不衰。"

目前，尽管我们在传承与保护邛都洞经音乐的工作中取得了一定成绩，但由于客观原因，西昌本地的多数洞经音乐传人年事已高，身体健康欠佳，自然减员日趋严重。如不抓紧抢救，邛都洞经音乐便如同我国某些传统音乐的命运一样，必将面临消失的境地。

对此，西昌市政府、文化部门、音乐院校以及专家学者等热爱邛都洞经音乐的社会各界人士，都在为传承与保护邛都洞经音乐竭尽全力，让其在未来的发展中，能一代一代传承下去。

第一节　邛都洞经音乐概述

邛都洞经音乐的特性，源于儒释道三教文化。又为宣扬三教的启示经曲而不断吸收民间音乐和宫廷乐之优，取其精华，充实提高。数百年的史实证明：古老的精神与信仰渗透于古老的文化，生长出宗教，而宗教反过来又推动文化与信仰。由于为谈演《大洞仙经》，一般要进行讲、念、唱、诵、宣等活动，而唱、诵则要音乐伴奏。为提高诵、唱功能效益，不断丰富词牌，以达到曲调悦耳、音域宽广、旋律优美，使乐曲既古老又明丽，既深沉又欢快，既苍劲又飘逸，雅俗共赏，老少皆宜，众人皆认为"聆听古乐，恬淡闲适，颐养身心、延年益寿"。

自邛都洞经古乐团成立以来，应邀在全国各地进行展演，受到了广泛好评，且成功申报了省、市非物质文化遗产项目，对保护和发展邛都洞经音乐起到了重要的作用。

一　邛都洞经音乐的形成与发展

洞经音乐又称文昌洞经音乐，在《道藏》所集的宋元文献《太上玉清无极总真文昌大洞仙经》《太上玉清无极总真文昌大洞谈经》等书中称之为"苍胡颉宝檀炽钧音""苍胡檀炽音""檀炽钧音""檀炽钧"，又称"大洞宝章""大洞云章""玉文云章""洞章"等。据国内学者甘绍成教授在《洞经音乐产生的渊源》（载《星海音乐学院学报》2010年第3期）一文中的研究，洞经音乐的产生，与我国的道教音乐、佛教音乐和儒家音乐有很深的渊源关系，其产生于东汉，汉末直到南北朝是道教音乐的形成期，它发端于东汉"三张"的天师道使用的"俗巫解奏之曲"；至两晋南北朝时，经上清、灵宝派道士的推演，特别是寇谦之、陆修静等人对斋醮科仪音乐的改革、制订，逐渐摆脱了巫教祭祀音乐的影响，形成了具有自身特点的道教科仪音乐体系。两晋南北朝时，道教历史上产生了第一部道教经韵乐章《云中音诵新科之戒》及著名道曲《步虚》。隋唐五代时，道教音乐中出现了丰富的道曲、道调及法曲。它们为后世洞经音乐在宋元时代的形成奠定了深厚的基础。

南宋时，随着道教经典《文昌大洞仙经》在西蜀的问世，一部以谈演、诵唱此经的文昌大洞仙经音乐亦随之形成。它全面继承了道教音乐的传统，在科仪的表演程序、使用曲目、唱词格式、演唱方式以及曲调使用等方面，均表现出对道教音乐的继承。这些现象，我们不仅可以从南宋传本《太上无极总真文昌大洞仙经》和元代卫琪注的《玉清无极总真文昌大洞仙经》两书中找到依据，而且还可从现今四川、云南仍在使用的一些的洞经音乐中得到证实。

邛都（西昌古称邛都），已有 2100 年的建都历史，根据考古工作者从安宁河流域发掘的大石墓葬考证，追溯到秦代以前为邛都国，自有 400 多年的邛人文化；以后西昌被誉为川南胜境，拥有全国最大的地震碑林；加上文昌帝君张亚子出生于凉山州金马山，水淹县衙变陷湖，峨眉僧人长眉老募化修建光福寺，段氏女供养西竺"七僧"，赶毛驴沿着古柏飞升上天成为望天娘娘等传奇事迹，说明西昌是古文化、古音乐十分活跃的地方，再加上现在是闻名世界的航天城，这对四川，甚至全国都具有重要的历史、文化、科学价值。张亚子自汉唐至宋、元王朝被历代帝王崇拜诏封，达到登峰造极的地步，延佑三年（公元 1316 年）仁宗追封他为"辅元开化文昌司禄宏仁帝君"，钦定为中国孝家益民正直主管科举文运之神，将其捧到了神格最高峰，成为读书人崇拜的偶像和中华民族心中的圣人，作为老邛都的西昌人将张亚子视为圣祖，所著《文昌大洞仙经》在西昌代代相传。经过千百年的辗转传承，形成了具有地方特色的邛都洞经音乐。

据《文昌大洞仙经》经书封面记载，明崇祯九年（1613 年）九月吉旦礼州乐善公所洞经会新进《文昌大洞仙经》36 部和《玉清无极总真文昌大洞仙经》，礼请上、中、下三集，忏（清咸丰壬子（1852 年）。礼州洞经会乐善园相继由潘炽善、冯德普任团长，是年冬至（1852 年）刊印出版《礼州乐善园南昌桂月》经文上、中、下三集，清时和民国年间邛都洞经古乐流行西昌全县各乡场，韩平初、曹子齐、李恒儒、胡清之等为各善园团长，下传十多代流传至今。

二 邛都洞经音乐的分布区域

西昌市位于四川省凉山彝族自治州中部的安宁河平原（四川省第二大平原）腹地，东经 $101°46'\sim102°25'$，北纬 $27°32'\sim28°10'$，南北长约 20 公里，东西宽约 43 公里，面积为 2651 平方公里。东有大箐、南辖泸山、螺髻山，西辖牦牛山、磨盘山，北靠北山。全市辖 37 个乡镇，6 个街道办事处，14 个居民委员会，231 个行政村，1778 个村民小组，总人口约 70 万人，其中，农业人口 35 万人，城镇人口 30 万人，有汉、彝、回、藏等 28 个民族，以汉族人口居多，少数民族占总人口的 18.77%。西昌市是凉山彝族自治州的政治、经济、文化、交通中心。

西昌自古便是祖国西南边陲的一个重镇，自秦汉始，历代政权均在此建立过郡、州、司府，委派过官吏。公元 111 年，汉武帝遣司马相如为使，建邛都（今西昌），设越西郡，辖 15 县，属益州。唐置建昌府，元置建昌路，明改卫。清雍正六年置西昌县，以今城在唐代建昌旧城之西，故得此名。在建昌古城以东两公里外的姜坡顶上，迄今还遗存着当地人称的"月鲁城古堡"的元末明初的军事城堡。1979 年设西昌市。

西昌境内北高南低，山河展布，安宁河由北向南流灌全境。最高点螺髻山，海拔 4182 米；最低点在雅砻江河谷的莽地乡桐子林，海拔 1160 米。西昌是四川省历史文化名城，中国优秀旅游城市，境内泸山和邛海风景区是国家 4A 级景区，泸山海拔 2317 米，林木葱郁，掩映着十多座宫庙，被誉为"川南胜景"，在郦道元的《水经注》中，泸山名为"蛙蟆山"，远望很像一只昂首朝天的青蛙；邛海古称凤海、邛池，是四川省第二大淡水湖。由于海拔、气温、日照、经纬度等条件好，大气中悬浮物质少，空气透明度大，所以月亮光亮圆大，故西昌又有"月城"之美誉。另外西昌还是国家森林城市，西昌和平遥古城、丽江古城等被列入"中国最美的十大古城"。

邛都洞经音乐主要分布在西南地区的四川西昌境内的礼州、太和、高枧、马道、经久、小庙、西溪、西乡、佑君、川兴等地，并在云南、缅甸等地亦有影响。

三　邛都洞经音乐传承人的存续状况

20 世纪 70 年代，邛都洞经音乐受到"文化大革命"的影响而遭受灭顶打击，被列为封建迷信，一部分经书被销毁，器乐被没收，传人被捕等，使得邛都洞经音乐的传承受到了一定影响。党的十一届三中全会以来，邛都洞经音乐的发展和传承才逐渐开始复苏，但在社会上受到部分民众的蔑视。现在，邛都洞经音乐受到了党和政府的关怀重视，各乡镇、村重新将原有善员（会员）组织起来，重建洞经音乐家园。但因传承人大多都是 80 岁以上的老人，加之乐器不全，经济困难，爱好者和能人越来越少，已几乎成后继无人的状态。

（一）传承人的存续状况

邛都洞经音乐传承谱系较为复杂，既有家族性的，也有非家族性的，绝大多数洞经传人是因信仰文昌文化和崇尚儒家礼乐，才通过并加入民间洞经会组织，借音乐来达到修善积德的目的。虽然西昌市各乡镇都有洞经会，但各地的传承情况则不尽相同。从目前的情况来看，西昌市现仅有韩定生能谈演全套洞经，尹洪福基本能谈演全套洞经。所以，传承谱系主要以韩定生和尹洪福在川兴、太和一带的师承脉络做简略说明。

邛都洞经音乐传承十八代谱系如下：

马尚襄→马之华→杨子卫→王廷献→王泽贤→朱法→郭君振→冯炳阳→韩庆本→韩宗明→韩平初、曹子齐、李恒儒、胡清之→韩邦华、胡德光、李吉星→李朝仁→高尤熙→张明仁、赵兴魁、李秀林、王德华、李德华→韩定生、李炳才、韩邦伟、刘应才、尹洪福→韩定祥→余启福。

邛都洞经音乐代表性传承人基本信息：

川兴洞经会孝忠园领生韩定生（男，汉，1935 年 10 月 2 日出生于四川省西昌市川兴镇民和村，八岁学习洞经古乐，从业 60 多年）。其传承谱系见表 4-1。

表4－1　　　　　　　　川兴洞经会孝忠园领腔生韩定生的传承谱系

传承关系	姓名	性别	出生年	文化程度	住　址	备　注
第一代	韩平初	男	1881年	私塾	川兴镇	善名:韩庆本,去世
	曹子齐	男	不详	不详	不详	去世
	李恒儒	男	不详	不详	不详	去世
	胡清之	男	不详	不详	不详	去世
第二代	韩邦华	男	1902年	私塾	大兴镇	韩平初之子,去世
	李朝仁	男	1885年	私塾	大兴镇	李恒儒之子,去世
	张明仁	男	1895年	私塾	大兴镇	去世
第三代	韩定生	男	1935年	初中	川兴镇民和村一组	韩邦华之子,善名永先,谈演洞经并授徒
	李德华	男	1914年	小学	大兴镇	李朝仁之子,去世
	李其珍	女	1915年	小学	大兴镇建兴七组	李朝仁之女,不再谈演洞经
第四代	韩定祥	男	1967年	初中	川兴镇合兴村六组	韩定生之堂弟,谈演洞经
	叶承英	女	1942年	初中	川兴镇合兴村六组	韩定生之徒,谈演洞经
	叶志勇	男	1949年	初中	川兴镇合兴村六组	韩定生之徒,谈演洞经
	宋立林	男	1943年	初中	川兴镇合兴村六组	韩定生之徒,谈演洞经
	杨开珍	女	1948年	初中	川兴镇合兴村六组	韩定生之徒,谈演洞经
	朱煜敏	女	1945年	初中	川兴镇合兴村六组	韩定生之徒,谈演洞经
	蒋显珍	女	1940年	初中	川兴镇合兴村六组	韩定生之徒,谈演洞经

　　太和洞经会明善园领生尹洪福（男，汉，1937年10月9日出生于四川省西昌市太和镇中兴村，9岁加入洞经古乐学习，从业57年）。其传承谱系见表4－2。

表 4-2　　　　　　　　　太和洞经会明善园领腔生尹洪福的传承谱系

传承关系	姓名	性别	出生年	文化程度	住　址	备　注
第三代	韩平初	男	1881年	私塾	川兴镇	善名:韩庆本,去世
	曹子齐	男	不详	不详	不详	去世
	李恒儒	男	不详	不详	不详	去世
	胡清之	男	不详	不详	不详	去世
第二代	赵兴魁	男	1910年	私塾	太和镇	曹子齐之徒,去世
第三代	李林华	男	1918年	私塾	太和镇花树村八组	赵兴魁之徒,去世
第四代	尹洪福	男	1937年	初中	太和镇中心村八组	李林华之徒,谈演洞经并授徒
第五代	钟孝元	男	1964年	初中	太和镇中心村一组	尹洪福之徒,谈演洞经
	赵联琼	男	1941年	初中	太和镇中心村三组	尹洪福之徒,谈演洞经
	甘学跃	男	1943年	小学	太和镇中心村四组	尹洪福之徒,谈演洞经
	赵正伦	男	1941年	小学	太和镇中心村五组	尹洪福之徒,谈演洞经
	刘映国	男	1939年	小学	太和镇中心村五组	尹洪福之徒,谈演洞经
	焦玉美	女	1939年	小学	太和镇中心村一组	尹洪福之徒,谈演洞经
	刘启玉	女	1945年	初中	太和镇中心村五组	尹洪福之徒,谈演洞经
	舒文芬	女	1944年	初中	浴隆乡兴富村九组	尹洪福之徒,谈演洞经
	马宗美	女	1945年	小学	太和镇中心村四组	尹洪福之徒,谈演洞经

韩氏家庭可谓洞经之家,韩平初之子韩邦华、韩邦伟,韩邦华独子韩定生、韩邦伟之子韩定祥皆擅长谈演洞经,其中韩邦伟、韩定生、韩定祥,尤其前两位,就是今日川兴洞经遗老,他们三人共事"孝忠园",正是靠他们,川兴洞经的古韵才得以一代一代承接下来。

韩平初(1881—1959.7),曾上私塾,生前是当地知名中医和洞经师,为洞经教习生、宣讲生。

韩邦华（1902—1948.11），读过私塾，当地中医，善谈演洞经，为领腔生。

韩邦伟（1932.2—　　），七八岁时随其父学洞经，曾为道士，后务农，擅胡琴、鼓板等乐器。其夫人边绍敏目前 83 岁的高龄仍参与"孝忠园"洞经诸事。两老现由其子韩定祥赡养。

韩定生（1935.10—　　），初中文化，长期任大队、公社会计，颇有才学，6 岁起由其父教唱洞经兼识字，10 岁始习二胡，其父去世后便同爷爷韩平初一起生活，精于胡琴和唱经，为目前公认的最佳领腔生，被公推为西昌洞经两位州级非物质文化遗产传承人之一，同时也是省级传承人。

韩定祥（1963.8—　　），1976 年起从父学洞经，现任邛都洞经古乐川兴孝忠园团长，熟悉洞经各种科仪的演唱，深知《孔圣经》和《文昌大洞仙经》及各科仪中的传统文化知识，能宣讲圣谕文化，前后参加和主持过公益性的演奏洞经仪式 500 多场次，其中主持谈演《文昌大洞仙经》等大型仪式 20 多场次，精通洞经文案及书写文书。对孝忠园 10 余名男女经生传授邛都洞经音乐，其弟子如下：

男经生：

宋立林：67 岁　二胡（宣经生）	宋湘平：66 岁　二胡（宣经生）
叶志勇：61 岁　弹钵（宣经生）	宋平祥：60 岁　勾锣（宣经生）
花发荣：65 岁　二胡（宣经生）	宋兴富：64 岁　大锣（宣经生）
陈毅明：60 岁　大胡（宣经生）	

女经生：

蒋显珍：71 岁　尹磬（宣经生）	张国美：70 岁　正赞（宣经生）
叶承英：66 岁　正赞（宣经生）	杨开珍：62 岁　二心（宣经生）
朱煜敏：66 岁　木鱼（宣经生）	刘能珍：73 岁　碰玲（宣经生）
王德玉：68 岁　苏铰（宣经生）	刘文敏：63 岁　铛铛（宣经生）
吴同美：60 岁　尹磬（宣经生）	杨献达：60 岁　铛铛（宣经生）

孝忠园还有另外 17 位老人，均为当地农民，分别是张文奇（男，70 岁）、

宋立林（男，67岁）、宋湘平（男，66岁）、叶志勇（男，60岁）、宋平祥（男，58岁）、花发荣（男，76岁）、蒋显珍（女，71岁）、叶承英（女，66岁）、张国美（女，70岁）、杨开珍（女，62岁）、朱煜敏（女，66岁）、刘能珍（女，73岁）、王德玉（女，69岁）、刘文敏（女，63岁）、吴同美（女，71岁）、王德美（女，75岁）、苗润（女，81岁）。自1991年起，他们陆续参与学习洞经，日日坚持，风雨无阻，如今尽皆习熟老练，是川兴洞经新一代承传者。

不过，韩定生老人对这些老的"新"传人还不甚满意，认为他们唱经虽熟，但抑扬顿挫的声韵美仍不足，尤其在超度法事时未能全情投入。韩老说："逢有超度，常还要招亡、鉴灵（即劝亡魂吃饭、喝酒），多数都是我去，徒弟虽然会唱，但感情还不够投入。我每次都会流泪。孝子一哭，我便感同身受。"

川兴的洞经老先生们正是用他们体人如己的丝丝善念演绎着字面上的"善"，传递着经文外真实的乡睦亲情，感染着身边的每一个人，他们用世间最可贵的"善"沐润着川兴、西昌这一方水土，净化着人们的心灵。

韩平初老先生故去已多年了，但我们从他留下的书籍扉页上可以一窥其人格的魅力和对后生的深刻影响。

在《圣谕书》上，人们还写道："韩平初先生是我们善园的开教老师，他一生过着很贫苦的生活，他的心愿世人走上好路，个个成为好人，所以我们永远把他记在心中。"另一本《圣谕书》上则有："……先生耐心教训我，时时刻刻记在心。圣教宏开传千古，为善必昌万年春。平初韩先生永远活在我们心中。"

（二）传承人相关制品及作品

（1）大明崇祯九年吉旦（1636年），木刻版《文昌大洞仙经·卷中》（全套36部），藏于潘正芬家。

（2）清道光乙亥（1834年），朱法手抄《修斋下科》香赞三皈依五言、七言唱词一本。

（3）川兴洞经音乐光绪三十四年（1908 年）木刻版一套（5 本）。

（4）礼州乐善公所宣统三年（1911 年）木刻版《四圣济世度人经忏》礼请、七言忏腔一本。

（5）礼州乐善园存宣统三年（1911 年）四月朔日《文昌帝君普度归原经原叙》木刻版本。

（6）挖掘整理的洞经谱本 100 余本，各地洞经团体还在继续整理经书和谱本。

（7）谈演洞经所需乐器，各地洞经团体所存多少不等。

（8）川兴洞经团体摄录"谈演洞经"，编辑 DVD，CD 多份，整理经文和谱本、为传承人做录音，拍摄资料照片。

（三）邛都洞经音乐的濒危状况

1. 自然濒危状况

由于历史原因以及经济大潮的冲击，与邛都古乐相依相存的古迹、古遗址缺乏有效保护，如著名的文昌宫，至今还被占用。邛都洞经音乐最早形成地的礼州古镇，至今还没有启动改造工程，古镇原有风貌破坏严重。如建于明代的四座城门，不断被推倒的古民居；至今没有邛都音乐展演的场地，传承、交流等活动不能开展。由于保护环境和条件差，用于记录保存该音乐的设备又十分落后，不能及时、准确、完整地对其有效保护。

2. 文化濒危状况

由于历史原因，邛都洞经音乐正宗传人存世者现在仅有寥寥几人，且年龄都在 80 岁以上，后继乏人，濒临灭绝。具体表现如下：

首先，传承人群减少。现代社会和科学技术的发展，市场商品经济的繁荣，城乡人民忙于各种经营活动，没有时间静下心去背念曲谱、学习洞经音乐谈演。特别是在当今农村，由于大批青壮年外出经商、打工，他们不仅告别了田园生活，也远离了洞经音乐，致使邛都洞经古乐的传承后继乏人。正如韩定生老人说："从我爷爷开始，我们家世代谈演洞经，已经有一百多年的历史，如今连我的儿女都不再谈演洞经了。"

其次，生存空间变小。由于受现代文明的冲击，审美方式的改变，娱乐方式的多元化，邛都古乐已很难吸引更多的年轻人喜爱和参与，逐渐失去了主流地位，成为流传在边缘地带的音乐文化。

最后，急待加强保护。尽管邛都洞经古乐尚有传人和曲谱存在，但由于保护环境和条件均差，用于记录保存该音乐的设备又十分落后，不能及时、准确、完整地对其有效保护，因而急需经费与设备，对它的相关资料进行数字化处理和妥善保存，让它在地方音乐文化的建设中发挥作用。

（四）保护措施

为了抢救、保存、保护和振兴邛都洞经音乐、弘扬邛都洞经音乐，扩大影响，已采取如下措施。

（1）近几年有邛都洞经音乐中小型音乐会表演及电台、电视台录播，出版了 DVD 和 CD 光盘，但是至今也还未见制作上市，终究受制于经费不足和市场前景未被看好。

（2）精心排练邛都洞经音乐节目，参加演出，都受到高度的评价，扩大了邛都洞经音乐的社会影响。

（3）广泛征集邛都洞经音乐文物，根据建昌洞经音乐第三代传承人——78岁的韩定生（善名永先）老先生的孤本及传唱，抢救、挖掘、整理、谈演了大部分邛都洞经音乐经腔曲调。并继续调查整理民间其他经文、谱本及其他资料，该项工作仍在继续。

（4）尽力保护邛都洞经音乐固有的人文精神、礼仪规范、古乐风貌，力图杜绝商业化和庸俗化表演。

（5）全面普查健在的资深洞经传承人，采录其经验、了解其保存的资料，避免外流或失散。尽最大能力抢救与保护邛都洞经音乐的各项史料、经文、曲谱，并加以系统整理、校订、出版。抢救与保护邛都洞经音乐的各种古老乐器及其他用品。

（6）有计划分步骤地把邛都洞经音乐的"经"与"乐"以数字化方式保

存。广泛发动海内外喜爱洞经的友人、学术机构或个人，开展洞经的研究，举办学术研讨会，出版专著。

（7）加强和充实邛都洞经音乐团，使之成为具有示范、研究、辅导等功能的重要团体，以便与其他的音乐文化形式交流。

（8）自2007年以来，多次派专人采访了当时所有健在的老琴家，录音200余小时，先后参与者约50余人。

第二节　邛都洞经音乐的表演形式及基本内容

与洞经相关的活动，如洞经谈演、洞经音乐表演等，曾一度活跃在云南、四川、山西大同、河北固安、内蒙古赤峰以及东南亚等广大地域上，形成了独特的洞经文化，据研究者考证，"洞经"发祥于四川梓潼，大约南宋时形成，因其谈演的经文以道教《大洞仙经》（或《大洞真经》《大洞谈经》等的简称或统称）为主而得名。

历史上洞经活动长盛不衰，至今仍兴盛于云南，作为源发地的四川反而凋敝了，四川西南重镇西昌，民国时期洞经活动盛行一时，家喻户晓，1950年后销声匿迹，而今连当地人也知者不多。不过，随着传统文化的社会地位逐渐回升，尤其我国非物质文化遗产保护和申报工作的日益深入，人们记忆中沉睡多年，已经褪色的西昌洞经也渐渐苏醒，鲜活起来。

云南的洞经组织多以"学"为名，如昆明"崇文学""宏文学"，大理"礼仁学""宏仁学"，通海"兴文学""启文学"，等等，都江堰则常以"堂"为号，如"品德堂""宣华堂""登侯堂"，梓潼有"自新斋""明道斋"，西昌又不同，皆称"园"，而且"善园"最多，民国时城区有"倡善园"，马道镇有"隆善园"，高枧乡有"崇善园""隆善园"，礼州有"乐善园"，不大的川兴乡则有两个"达善园"，一个"至善园"和一个"孝忠园"，目前马道镇还有"隆善园"，小庙乡有"安善园"，西溪乡有"隆善园"，太和镇有"明善园"，礼州有"乐善园"，川兴镇存"孝忠园""至善园"。①

取名趋向的差异似已透露出不同地域人们心性的微妙差别。西昌人之"善"，不单体现在洞经"园"的名字上，洞经人敦厚的气质、待物的亲善、待人的友善才是其"善"之真解。

川兴"孝忠园"何时创立未能考证，该园留存《圣谕书》扉页上写着"回忆当初入善园，而今又是四十春。圣教被毁三十载，辛酉七月又重新……""辛酉"应指1981年，故该园1941年已经存在，1951年停止活动，1981年7月恢复。

由此可见，川兴今之"孝忠园"乃民国"孝忠园"的承续。已故的韩庆本，字平初，乃当地有名中医。他除了行医，还与他人四处学经求本，在川兴热心授徒。因此又是一位声誉远播的洞经先生。根据以上《圣谕书》扉页另一段文字"韩平初先生是我们善园的开教的老师……"可知，韩平初很可能即是该园创始人，至少从1941年就开始在"孝忠园"传授洞经。

目前，西昌市现有邛都古乐艺术团，下设礼州、川兴、高枧、太和等15个基层分团，参与人员达上千人。各基层分团经常举办活动，西昌市邛都洞经古乐艺术团每半年要组织民间音乐联谊会，半年比赛一次，参与者都为老年人，一半以上已届耄耋之年，每逢初一、十五，或是洞经会期，他们便聚集在寺庙里，礼拜、虔诚弹唱。他们那没有任何雕琢的声腔乐韵，粗糙中闪烁着古朴幽泽，真实里沉淀着人生厚重。这些朴实无华的传统洞经表演宛如一面文化多棱镜，拥有独到的表演形式。

一　邛都洞经音乐的表演形式

（一）科仪与演礼

洞经谈演有相应的斋醮科仪，分别有《供天科》《朝斗科》《朝庆科》《启白科》《圆满科》《漂灯科》《丧仪科》《请水科》《焰口科》《祀雷科》等，谈

---

① 西昌洞经组织名号由韩定生、陈廷模、王先荣、宋敦瑞共同回忆，韩邦伟、韩定祥复核。

演一科需要的时间不等，最短的需要 3 个小时。举行斋醮科仪时，不仅要摆设经坛神案、供品、供物，而且还要迎神、行礼、叩拜、焚香等仪节。

关于谈演洞经，各地洞经会有自己一套约定俗成的配曲定规，依照古例必先由"领腔生"领唱，再根据不同的"科"，不同的经文，"起"唱不同的经腔，乐队随声应和。如祭祀神圣座调、礼请十供养调、敬调、叙话、劝慰、忏调等。

其中，经腔是洞经音乐的主要内容，有领有和，逐首接连地唱下去，有时只用木鱼击节，有时则要音乐伴奏。

（二）经文与唱词

除《文昌大洞仙经》（俗称"文经"）外，还有《玉皇经》《报恩经》《观音经》《三官经》《龙华经》《童子经》《解劫经》《宏儒圣经》《佛祖报恩经》《孔子觉世经》《大乘妙法莲花经》《王母消劫度世谈经》等。

邛都洞经音乐的唱词丰富，比如《桂枝香》：湛澄香水海，清凉实妙哉，坎离初运出，天一始生来，滔滔流不竭，渺渺涤尘埃，杨枝竹垢浊，溥丽法筵开，身中之内境，三万六千神，动作履行藏，前劫并后劫，愿身常清净，常住三宝中，当于劫坏时，愿身常不灭。《诗章腔》：珠明净朗世无双，金光联络照九江，合众虔诚皈命礼，舍利腾辉鞅玉苍，玄穹上帝金阙尊，传经救世费苦心，玄机独阐八万劫，觉路宏开大千人。《始字歌》：巍巍荡荡彩云开，仙佛重重驾鹤来，涤净凡思香供养，飞腾玉阙紫莲台，先天一齐露尘桓，练出龙团玄又玄，华池水养勤烹煮，化作茗茶供法坛。唱词带有丰富的历史信息。

（三）音乐与谱式

邛都洞经音乐分声乐和器乐两大类。

（1）声乐部分。习称经腔，主要有赞腔、忏腔、和腔、大腔四种，由正赞或主赞领腔吟诵经文，众和时唱诵结合。

其中，赞腔一般采用四言韵文，分新赞、老赞、小引、八卦腔；忏腔分为新忏、老忏、忏等；和腔一般采用七言四句，分新大洞、老大洞、新三洞、老三洞、前七曲、后七曲、新诗章、老诗章、太极腔、仰启腔、士子腔、五音腔、始自腔、中庆腔、行病腔等；大腔一般采用五言八句，分为元始坤、满江红、桂枝香、祝香文、锁道龛、懒画眉、老年高、园林好、一江风、经筵腔、庆云腔、机音腔、普光腔、新普光、老普光、霄明腔、金音腔、五福图等。

根据曲调特点，又可分为以下三种：一是谈腔，即抒情性较强的韵腔，演唱经文中的韵律诗词，伴奏可分为细乐和大乐两种形式。曲名末一个字往往带颂、赞、偈、忏、引、章、腔、歌、音、供养等。如请和颂、天宫颂、开经赞、香赞、开经偈、收经偈、大洞咒、吉祥咒、朝天忏、梅花引、贺章、道士歌、十供养等。唱词多为规整的五、七言律诗、绝句、四言诗、长短句，分别配以不同的乐曲，如五言句选《锁道龛》、七言句选《一江风》。谈腔旋律优美动人，在洞经曲子中占有很大比例。二是诵腔，即宣叙性的韵腔，是吟诵式的乐曲，可称"吟诵腔"。伴奏一般为单击木鱼或者铛子，有时也加少量的丝弦乐配合，乐曲的长短随词段而变化重复。击磬收文止乐。三是读腔，即指读表文和祝文的韵腔，依字行腔，腔调自由，无拘无束，变化因人而异。不击不奏任何乐器。

（2）器乐部分。又有调子和打谱之分。调子即采用笛子、胡琴为主奏乐器合奏的细乐曲牌。打谱即采用锣鼓等打击乐器合奏的大乐曲牌。

邛都洞经音乐采用的记谱方式，既有采用工尺谱记录的调子（细乐）曲牌，如《小开门》《阴阳调》《一字》《南清宫》《山坡羊》《九连环》《串枝莲》等，也有采用锣鼓经记谱的打谱（锣鼓）曲牌，如《长槌》《操槌》《点江》《铁脚板》《水波云》《灯亮子》《急跳头》《燕灯鳌》《上天梯》《跳灯鼓》《鬼扯脚》《朝山会》《七节半》等。

（四）乐器与伴奏

邛都洞经音乐使用的乐器，文场多用洞箫、笛子、笙、大蟒胡、二胡、川胡、板胡、三弦、阮、二星、包锣、铛锣、勾锣、铛子、碰铃、木鱼、梆子等，飘逸悠扬、庄重典雅；武场多用大鼓、大钟、大锣、大钹、勾锣、马锣、大铰、苏铙、堂鼓、小鼓、手鼓等，山呼海啸、庄严隆重，让人欢欣鼓舞。

邛都洞经音乐以谈、诵、唱、念的方式伴奏不同的经文，讲、念时用木鱼击节，唱、诵时以音乐伴奏。据说，钟能通天官，鼓能应地官，磬能感水官。

邛都洞经音乐最基本的要求必须随《文昌大洞仙经》的诵唱而伴奏，表现出"洞经古乐吉祥音，政通人和益身心，宝贵遗产当继承，文昌文化扬宝经。"现有常用腔曲（词牌）48 曲，108 首，各类科仪和经文约 200 卷。

二　邛都洞经音乐的基本内容

"洞经古乐自天成，黄钟大吕今又生，袅袅香风沁心脾，朵朵寒花入目清，绕梁三匝多余韵，独树一帜少俗音。今日遗非成绝唱，洞经古乐见真情。"

邛都洞经音乐颇有宋代遗风，词牌丰富，曲调悦耳，音域宽广，旋律优美。乐曲古老而明丽，深沉又欢快，苍劲而飘逸，雅俗共赏，老少咸宜。聆听古乐，恬淡闲适，颐养身心，延年益寿，随着谈、诵、唱、念经文和"礼请、朝庆，忏，辞神"等运用不同的腔牌演唱，继承了中国传统文昌洞经音乐的演礼程序和音乐安排，不仅保留有大量丰富的科仪经文，而且还传承形式多样的经腔和曲牌以及多套独立完整的仪礼音乐，如谈演整套的"洞经"，往往需要五至七天，谈演其他科仪，最短的则是需要 3 个小时。下文中将对邛都洞经音乐的基本内容做出全面总结。

（一）遗存的洞经典籍

川兴遗存的洞经典籍，目前所见皆为韩平初生前搜集，现由韩定祥小心珍藏着，包括洞经经文、符咒、劝喻典故等，具体有：《太上玉清无极总真文昌大洞谈经礼请》（全卷）、《太上玉清无极总真文昌大洞谈经》（上卷）、《太上玉清无极总真文昌大洞谈经》（中卷）、《太上玉清无极总真文昌大洞谈经》（下卷）、《太上玉清无极总真文昌大洞治瘟宝箓》（全卷）、《九天开化文昌谢过赐禄宝忏》（全卷）、《文昌八反正伦经礼请》《文昌八反正伦经》

《文昌八反正伦宝忏》《儒典宝录》《圣谕书》（三本）、《圣教檀炽钧音朝庆科仪》。

以上前五卷为同一刻本，除外观形貌和字体相同，各卷首尾均有红色印戳，印戳文字虽模糊难辨，但显然出自同一章印。第六卷外貌与前五卷相近，似应与前五卷合为一套，无红色印戳。以上第7—9卷为另一套，统称《文昌八反正伦经忏礼请》（三卷）。《文昌八反正伦经礼请》首页有言："民国二十一年壬申春王月开工文昌八反正伦经忏全部，至本年秋菊月上旬告竣。""礼请"卷末又注明"板存冕宁城南中屯之乡贤祠，有印者自备纸烟，不取板资"。

有必要说明的是，前六卷中《太上玉清无极总真文昌大洞治瘟宝箓》（全卷）实为符咒集，并非经文，其余五卷则为唱经，这从经文中同时刻印有许多不同经腔名称及和腔注释可知，另外还有不少后加的红色笔迹，对唱腔、节奏或补充或附注，其中以《太上玉清无极总真文昌大洞谈经礼请》（全卷）及《九天开化文昌谢过赐禄宝忏》（全卷）着墨最多，可见其使用最为频繁。

《儒典宝录》是手抄本，摘录了解厄灵符、附身符、拈香附、镇乐器符、荡秽、醋炭……众多符图以及各类咒语，其中24道解厄灵符摘录自《天童覆命经》。

三本《圣谕书》记录了《隔世母》《照胆台》《贞淫报》《审坛子》《四害悯》《双鸾配》《糊涂虫》《巧姻缘》《全家福》《破迷图》《明如镜》《负义男》《暗似漆》《狼心妇》《芙蓉屏》等许多劝诫世人远恶向善的故事，韩定祥常常给园中善友们讲述。《照胆台》页面上有"宣统三年辛亥岁刻镌"字样，又注"板存大庙场王泽轩宅内"，随后还记有"洞经教习生、宣讲生韩庆本，字平初请李新普到成都带（原文为'代'）来存川兴乡"。

《圣教檀炽钧音朝庆科仪》是韩定生随身携带的手抄唱本，与镌刻本有同有异，观其名，像是"朝庆科"单科唱本，但与实际又不尽相同，更似摘录用以教习唱腔的拼合本。

　　至此可以知道，最迟自清咸丰年起，西昌一带，从城内到城郊，乃至数百里之遥的冕宁城，洞经谈演声声入耳。

　　（二）邛都洞经音乐的唱腔

　　由洞经经文文本注明声腔可见，有洞经就有音乐，同时也说明这些唱腔大多已较为成熟固定，然后才会随文刻印，而且在西昌各地普遍流行。

　　经腔方面还需提及目前西昌一本整理汇总的洞经乐谱集《太上玉清无极总真文昌大洞谈经曲谱》，该谱乃西昌姜坡村俞启福老先生整理，主要根据陆仁刚、李吉星两洞经老人录音，兼及搜罗西昌各地腔曲，有腔数十种，曲谱按《太上玉清无极总真文昌大洞谈经礼请》（上、中、下卷）及《文昌谢过赐禄宝忏》编撰，简谱记谱，颇为全面，最终编订于2003年10月。

　　现让我们来对比韩定生抄本《圣教檀炽钧音朝庆科仪》（简称韩本《朝庆科》）同《太上玉清无极总真文昌大洞谈经礼请》（上、中、下卷）《九天开化文昌谢过赐禄宝忏》（合称刻本《大洞谈经》）以及俞启福搜编乐谱（简称俞本《曲谱》）中的腔名，如表4-3所示。

表4-3　　韩本《朝庆科》、刻本《大洞谈经》、俞本《曲谱》腔名

版　本	腔　　　名
韩本《朝庆科》	1. 前七曲；2. 经筵腔；3. 庆云腔；4. 懒画眉；5. 新普光；6. 士子腔；7. 太极腔；8. 宵明腔；9. 年王腔；10. 仰启腔；11. 新大洞；12. 老大洞；13. 新三洞；14. 老三洞；15. 诗章腔；16. 始自腔；17. 金音腔；18. 钧音腔
刻本《大洞谈经》	1. 前七曲；2. 经筵腔；3. 庆云腔；4. 懒画眉；5. 新普光；6. 士子腔；7. 太极腔；8. 宵明腔；9. 年王腔；10. 仰启腔；11. 新大洞；12. 老大洞；13. 新三洞；14. 老三洞；15. 诗章腔；16. 始自腔；17. 机音腔；18. 老年高；19. 一江风；20. 钟磬腔；21. 元陵毫；22. 后七曲；23. 五福图；24. 老普腔；25. 鱼江风；26. 咒章；27. 歌诗；28. 三洞腔；29. 七曲腔；30. 老三洞位极始自尾；31. 三洞位极；32. 老腔；33. 众和,（小引）、（经筵腔）、（机音腔）、（庆云腔）、（宵明腔）、（老赞）、（新赞）、（老）

续　表

版　本	腔　　名
俞本《曲谱》	1. 前七曲;2. 经筵腔;3. 庆云腔;4. 懒画眉;5. 新普光;6. 士子腔;7. 太极腔;8. 宵明腔;9. 年王腔;10. 仰启腔;11. 新大洞;12. 老大洞;13. 新三洞;14. 老三洞;15 诗章腔;16 始自腔;17. 机音腔;18. 老年高;19. 一江风;20. 钟庆腔;21. 元林好;22. 后七曲;23. 忏腔;24. 老忏腔;25. 新忏;26. 老赞;27. 新赞;28. 缴经腔;29. 金音腔;30. 行病腔;31. 桂枝香;32. 老普光;33. 满江红;34. 小开梅;35. 四季小开梅;36. 九连环;37. 山坡羊;38. 鱼卧浪;39. 洞渊咒;40. 南清宫;41. 叫句子;42. 串枝连;43. 扫殿;44. 香山贺寿;45. 八谱;46. 锁道龛;47. 祝香文;48. 元始坤;49. 和腔

注：表4-3中刻本《大洞谈经》腔名带括号者乃红笔补加。

上表中，第16首，韩本、俞本"始字腔"应是刻本"始自腔"，如此，三个版本同腔名者共16首，韩本《朝庆科》除"金音腔""钧音腔"两腔，绝大部分唱腔在刻本《大洞谈经》中都有记载，估计为最普遍通用的腔曲。

刻本"众和"与俞本"和腔"应指众人合唱，而非新腔。刻本"机音""钟磬腔""元陵毫"疑分别与俞本"机音腔""钟庆腔""元林好"相对。若果然，刻本"机音""老年高""一江风""钟磬腔""元陵毫""后七曲"等腔在西昌尚存，但刻本"咒章""歌诗""三洞腔""七曲腔""老三洞位极""始自尾""三洞位极""老腔"等不知所指，是否为新的腔名尚无法确认，待考。

刻本中"五福图""老普腔""鱼江风"三曲在西昌尚未见记载和传说。韩定生自称能唱48腔，具体为何腔，与以上刻本、俞本有何异同，有待进一步查考。

刻本中红笔补充的"老赞""新赞"二腔见于俞本，应为西昌常见腔曲。

由以上分析可知，清代咸丰年间盛行西昌的腔曲至少有22首一直流传至今，经历一百多年实属不易。

不过，腔名虽然有传，但是否会同名异曲却还需深入研究才能知道。

另外，细查谱本，有部分经文在用腔上实际已经发生了变化，试举几例如下，见表4-4。

表 4 - 4　　　　刻本《大洞谈经》、俞本《曲谱》部分经文用腔对照表

经 卷 文 本			用　　腔	
经卷		经文	刻本《大洞谈经》	俞本《曲谱》
《大洞谈经》	中卷	财供养（经文略）	老年高（红笔注:庆云），众和新大洞	庆云腔,和年王腔
		茶供养（经文略）	五福图,众和老大洞	桂枝香,和新大洞
		水供养（经文略）	元陵毫（红笔注:机音），众和太极腔	一江风,和太极腔
		符供养（经文略）	一江风,众和新三洞	满江红,和始自腔
	下卷	玄蕴咒（经文略）	钟磬腔	宵明腔
《文昌谢过赐路宝忏》		业绿羁绊冤债累， 心地荆棘阴德微。 得门端向大道归， 唯愿天尊垂赦宥。	诗章腔	老大洞
		贤愚清浊关天命， 典坟字画教世人。 许多身业仈因循， 专对圣前求解释。	新大洞	老三洞
		稽首皈依三境上， 道经师宝大慈尊。 ……	七曲腔	懒画眉

　　可见，尽管有 22 首腔名长期存在，但还有许多经外别腔，同时经中定腔也有部分变化，并非人们想象的严格恪守、一成不变，说明洞经有其开放性、随意性和包容性，这与前述川兴洞经之"书"来源多样是相一致的，这些也反映了川兴洞经人并不十分在意文本来源正宗与否，只要于宣扬善道有益即可，在音乐上更是如此，尤其乐器的使用。

　　（三）邛都洞经音乐的乐器

　　《大洞仙经》《大洞真经》《大洞谈经》等类经籍开篇通常有一张乐器图，

称为"苍胡颉宝檀炽钧音之图"，川兴《太上玉清无极总真文昌大洞谈经礼请》首页即有此图。但不同版本的经书图中乐器数量和种类并不相同，如：

元代卫琪注的《玉清无极总真文昌大洞仙经》（礼请卷），图中有乐器17种27件：六孔箫2支，笙1把，曲项琵琶1把，云锣1架，铙钹1副，拍板1副，小鼓2个，腰鼓1胀，钟2个，龙头笛2支，古琴1架，引磬1个，圆磬1个，编磬7片，帝钟（摇铃）1个，埙1个，阮1把。①

云南巍山《太上玉清无极总真文昌大洞仙经》是14种15件：箫1支，葫芦笙（约5—7管）1个，五弦曲项琵琶1把，五音云锣1架，钹1副，拍板（2块板式）1副，大鼓1个，细腰鼓（仗鼓）1个，三弦1把，龙笛1支，琴2架，特磬（石磬）1枚，法铃1个，贝（法螺）1个。②

云南石屏《大洞仙经》为13种15件：箫1支，笙（多管）1个，四弦琵琶1把，云锣（15面）1架，钹1副，细腰鼓（仗鼓）1个，三弦1把，钟1座，铛锣1面，龙笛1支，古琴2架，铜磬2个，埙1个。③

川兴《太上玉清无极总真文昌大洞谈经》变成16种16件：箫1支，笙1个，五弦曲项琵琶1把，五音云锣1架，钹1副，拍板（2块板式）1副，大鼓1个，三弦1把，钟1座，铛锣1面，扬琴1架，二胡1把，唢呐1支。

在实际应用中云南洞经与图示较为接近，在川兴，差别却很大，不仅实用乐器与经书大不相同，其不同时期差异也很大。以孝忠园为例：

民国所用乐器：二胡、京胡、锣、钹、鼓、小锣、马锣、笛子。④

目前所用乐器：二胡（4）、大胡（1）、锣（1）、钹（1）、鼓（1）、小鼓（1）、堂鼓（1）、马锣（1）、勾锣（1）、铃庆（2）、二星（1）、木鱼（1）、钟（1）、碰铃（1）、镲（又称铰子，1）、铛铛（1）、包锣（1）、拍板（1）。⑤

---

① 王兴平：《洞经音乐探源》，《音乐探索》1999年第4期。
② 参见张兴荣《云南洞经文化——儒道释三教的复合性文化》，云南教育出版社1998年版，第217页。
③ 同上。
④ 根据2010年8月5日采访韩定生笔记。
⑤ 根据2010年8月6日下午现场考察。

考察中了解到，川兴的洞经乐师们除较排斥西洋乐器外，对中国传统乐器的增减并无明晰统一的法度，人多便加，人少可减，而且文武场乐器种类、数量不匹配，音响效果上武场占了绝对优势，虽然在他们心目中文场乐器非常重要。另外，座次也较随意（详见图 39）。这些和学者们描述的有较严格规范的云南洞经差距颇大。

难道这就是西昌洞经不及云南繁荣的原因吗？这种状况究竟是洞经衰微所致，还是音乐在洞经文化中的地位或角色使然？笔者更倾向于后者。不少学者论及洞经时，或强调其宗教性质，或突出其儒家特征，或彰显其艺术品格……其实，对于洞经文化而言，这些成分同体共存，各有其功，只不过因不同群体的心理需求、意趣取向而倚重有别。音乐在中国传统文化中分量虽重，但也不过"礼乐相生以为用"，与礼并行，以敦教化，并非近代以来受西学影响，人们刻意拔高的"凡音乐必高雅"的纯粹去功利化的"艺术"概念。由中国传统文化滋养形成的洞经文化在各地同中有异、异中存同这种万变不离其宗的特点恰是中华文化传统宽厚而有度，规矩又不拘的具体表现。对于纯朴的川兴洞经人来说，既已将人世间香、花、灯、水、果、茶、食、财、珠、衣等，美好的物品都供奉给了心中的神圣，又怎能少了悦耳怡人的音乐呢？何况这些音乐还是自己亲自演绎的。不过，财力有多寡，能力有高低，财物贵而珍，音乐美而雅自然好，但也不必一味求奢求美，稍逊又何妨？重要的是一心诚念，"善"方是他们心中追求的最高目标。理解了这一点，或许我们就能理解他们的变或不变。

也正因此，洞经不仅仅是音乐，还有更为深刻丰厚的文化内涵，洞经仪礼展示的就是另一番精神景象。

（四）邛都洞经音乐的仪礼

"朝庆科"是他们最常用的一种仪式，不但各种洞经会用到，每个月的初一、十五还必须谈演。西昌每个洞经善园都有专属的寺庙，孝忠园就设在荣光寺。

荣光寺历史悠久，始建于明洪武二十三年，清末重建，2006 年 8 月孝忠园率

　　众善信修缮，内供有五显菩萨、财神、药王、地藏王、杨祖师、观音菩萨、关圣帝君、王母、环侯大帝、孙悟空、灵祖、关平、周仓。神祇位置详见图 4 - 1。

　　在如此众多神、圣、佛祖面前谈演洞经岂能马虎？谈演未起，他们就各自麻利地准备着了，气氛宁和融洽，事务杂而不乱，不过 7 分钟，弦调正了，香点起了，供养备好了，桌凳摆妥了，服装整肃了，家什就手了。堂鼓响时，众人早已各就各位，不过，一分半钟的鼓点作用还是不能小觑，物事既备并不等于心神就绪。鼓点终了，一声响锣，人们终于肃穆在颜。此时，众乐齐鸣，两位正赞生先相互一揖，转而面外向天地作揖，紧接着三跪九叩，再揖天地，再互揖，旋即至殿经桌前向五显菩萨作揖，然后三跪九叩，完了再一揖，两人各取一黄笺，倒退而出，至传奏仙官前就烛火点燃化之。在仙官前两正赞生先互揖，再转揖仙官，进一步三跪九叩，完毕齐揖仙官，又互揖，回转经桌前作揖后跪蒲团上，各取三香头插入香炉，每插之前必高举过头以示敬意。

　　以上仪礼中，每次三跪九叩前后务必作揖，两人同揖则须礼前先互揖，礼毕再互揖（单人行礼时免此节，以下遇此不再细述）。此礼毕，乐停，韩定祥高咏："炉焚白鹤香，叩请无上圣，普放大慈光，临下鉴忱悃。……"言落，乐器齐奏，韩定生起腔，众人同唱，谈演开始。

　　随后，一名捧文书进来，先后向五显菩萨、传奏仙官三跪九叩，回至经桌外围蒲团揖后跪下，双手捧文书先揖再举齐眉。神情惶恐虔敬，满满诚意表露无遗。由此也知，凡于神前行事前后也须作揖。

　　如此，跪者长跪，立者恒立，坐者稳坐，漫漫两个多小时，除弦乐师有短暂歇息，其余几乎无歇息，期间谈经换节，或拜或念，或添香或画符，各行其是。偶有声嘶者以金嗓子润喉，天气酷热，汗水迷眼，一抹了之。人人不仅面拜眼前神，更是默礼心中神。

　　再者，韩定祥跪五显菩萨前宣读文书，读毕熏香去秽后由捧文书延至门外燃化，两正赞肃立目送，待文书飞升九霄之刻行三跪九叩礼，此过程中，殿两侧钟、鼓齐响。送毕，正赞回身下跪，众人归位继续下一段经文。

　　最后，由两正赞开始，所有人两两一组，先于五显菩萨前三跪九叩，各取黄箓至传奏仙官处燃化并揖后，互揖，再两跪六叩，再互揖两次，再单跪三叩，起身揖、互揖。此间，乐奏不断。

众人礼毕，仪式结束。

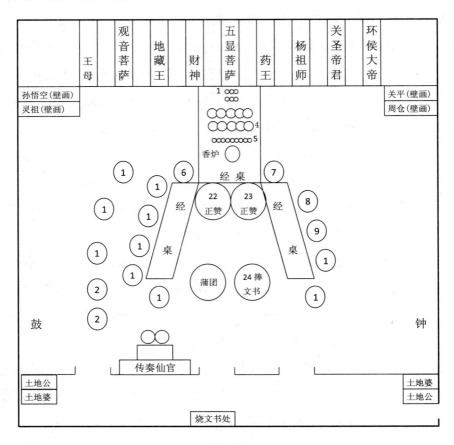

图4-1　西昌川兴镇孝忠园谈演《朝庆科》

图注：1. 三杯敬茶；2. 三杯斋饭；3. 从左到右为：小布衣、佛珠、米和钱币、饼干、茶叶；4. 从左到右为：桃子、自来水、蜡烛、布花、檀香；5.9品（9根蜡烛）；6. 韩定生（领腔生、二胡，坐）；7. 张文奇（堂鼓、小鼓、拍板，立）；8. 杨开珍（二星，立）；9. 刘文敏（铛铛，立）；10. 吴同美（铃庆，立）；11. 宋平祥（勾锣、马锣，坐）；12. 王德玉（镲，立）；13. 刘能珍（碰铃，立）；14. 蒋显珍（铃庆、鼓，立）；15. 朱煜敏（木鱼、钟，立）；16. 边绍敏（包锣，坐）；17. 宋立林（二胡，坐）；18. 宋湘平（二胡，坐）；19. 叶志勇（大胡，坐）；20. 韩邦伟（二胡、钹、堂鼓，坐）；21. 韩定祥（锣、念文书、堂鼓，坐）；22. 张国美（正赞，跪）；23. 叶承英（正赞，跪）；24. 王德美、苗润（轮流捧文书，跪）。

（五）邛都洞经音乐会

要真正保护传统文化还应从保护其滋生的土壤做起。和所有文化传统一样，洞经文化也有极为深厚的生发土壤，如果说峰高谷深、广博浩渺的华夏文明是其成长的大环境，那么多种多样的洞经就是关系最密切、最直接的表层土壤。

从年头到年尾，川兴几乎每个月都有会期，而且种类各异。常言道"不如意事常八九，能与人言无二三"，这些洞经会为各阶层提供了与神灵沟通的场合和机缘，以倾诉他们说不尽道不完的种种愿望和心声。

已查知的川兴部分洞经会期如下：

正月初一，开经。

正月初八，大蜡会，拜玉皇菩萨。

二月初三，文昌会。据说该日乃洞经主神文昌帝君张亚子圣诞，是为洞经始祖，因此极重要，即使无人请会，各善园也齐聚寺中，焚香鼓乐，虔诚肃穆，热烈、隆重地举行庆诞活动。

三月十五，财神会，拜财神菩萨。

三月十九，观音会。观音修行日。

四月二十八，药王会。拜药王菩萨。

六月初六，白龙会。西昌民间传说有位杨四将军，乃白龙化身，但未能考证其详，川兴人认为杨四将军管龙，可求风调雨顺。

六月十九，观音会。此为观音成道日。

六月二十三，灵祖会。当地人认为各种愿望都是由灵祖传至天宫，祭拜灵祖可求保安康，镇邪。此会只洞经人参与，老百姓一般不参加。

六月二十四，水官会。拜杨四将军。据传杨四将军既管水，也管农。

七月二十八，祖师会。此乃西昌本土专有菩萨，俗姓杨，故又称杨祖师，据传其肉身数百年不腐，可惜于"文化大革命"期间被烧毁。冕宁县灵山寺就是其坐化处，香火最旺，据说成都、云南等地无数善众不远千里前来许愿还愿。祖师会除了灵山，西昌各地均可举办。

八月二十七，祭孔。此会在川兴只洞经园内部举行，老百姓不参与。

九月初九，九皇会。拜玉皇，祈福、求财、保平安……，有愿皆可求。

九月十九，观音会。当地人称此日为观音坐莲台之日。

九月二十八，祭拜五显菩萨，可求各种愿望。

十月初十，报本会，又称盂兰大会。这天专为超度祖先，至少要办 7 天。孝忠园虽能做，但极少从事，通常由道士担当。

冬月初二，太阳会。拜太阳菩萨。唱颂《太阳经》，歌颂太阳给万物带来生机，须谈演 6 个小时，但未能见闻此经。

腊月无会，准备过年。

就这样，包罗万种，不拘一格、宽容开放的洞经会给居住在西昌这个古老城邑里的人们带来了无限的希望和寄托。

过去洞经被批判为"迷信"，其实面对深不可测的宇宙，人类是如此的无知和弱小，"不可思议"何其之多，哪一个仰望苍穹、善于思索的生灵不会在无穷的困惑中渐渐产生一种"迷信"呢？当这种"迷信"使人们对未来充满憧憬，进而转化成生活的动力，使我们摆脱种种困厄和渡过心理危机时，我们又怎能得鱼忘筌，甚至不分青红皂白将一切罪责强加给所谓的"迷信"？人类所有的文化也不过是某种意义上的"迷信"吧，只是形态各异，正如八仙过海，各显神通，这便是我们现在常说的"文化多样性"了。

附：建昌洞经古乐选曲（唱词）

1. 桂枝香

湛澄香水海，清凉实妙哉，坎离初运出，天一始生来，滔滔流不竭，渺渺涤尘埃，杨枝竹垢浊，溥丽法筵开，身中之内境，三万六千神，动作履行藏，前劫并后劫，愿身常清净，常住三宝中，当于劫坏时，愿身常不灭。

2. 举香曲

金炉馥郁结祥云，满目辉煌瑞色凝，鹤氅霓裳苦费机，金梭织就制仙姬。

3. 老三洞

灶王府君广传经，慈悲普救众苍生，合会今日虔顶礼，供养储福定命尊。

4. 诗章腔

珠明净朗世无双，金光联络照九江，合众虔诚皈命礼，舍利腾辉鞅玉苍，玄穹上帝金阙尊，传经救世费苦心，玄机独阐八万劫，觉路宏开大千人。

5. 太极腔

大洞谈经根本渊唻哎哎，天尊变化有流哎传，大也兴唻哎哎文唻教匡周哎国也哎，丕振宗凡哎镇唻蜀哎川，赤帝子名香汗简唻哎哎，清河政令耿遗哎编，黔唻黎也哎哎仰哎戴垂慈哎处哎哎，去路开通哎早哎着哎鞭。

6. 经延腔

法令初开启唻哎哎，焚香毕在哎哎先，信唻根也哎哎传唻五分，价值等三唻哎千，下达尘沙界唻哎哎，上通方寸哎哎天，为唻祥也哎哎腾唻瑞气，缥渺帝座唻哎前。

7. 懒画眉

大道降真，［女］齐吐纳练五神，［男］愿使摄诸魔，心业常清净，断除万种障，驱荡一切殃。

8. 前七曲

元唻哎哎始哎哎，［女］天哎王哎说哎大哎乘，［合］称赞更生哎永命哎大天哎尊，有哎哎哎缘哎哎，［女］方哎遇哎此哎尊哎经，［合］称赞更生哎永命哎大天哎尊。

9. 始自腔

巍巍荡荡彩云开，仙佛重重驾鹤来，涤净凡思香供养，飞腾玉阙紫莲台，先天一齐露尘桓，练出龙团玄又玄，华池水养勤烹煮，化作茗茶供法坛。

10. 新三洞

明水须引入天池，供养高真圣岳祇，开函讽诵群仙集，五龙治水护坛堤，三洞诸经贵玉音，文章错落灿珠金，禳灾避厄生天地，度尽尘沙无鞅人。

洞经古乐主要是以经、乐、科仪融合，是一种音乐文化现象。它的曲调简洁平缓，优美动听；它的主要宗旨是劝化人们向善，崇尚孔子所提倡的仁、义、礼、智、信和让人们学习文昌帝君的好学精神。它有四言韵文：分新赞、老赞、小引、忏腔，忏腔又分新忏、老忏。七言四句韵文，分和腔、新大洞、老大洞、新三洞、老三洞、前七曲、后七曲、诗章腔、太极腔、仰启腔、士子腔等 30 多个曲腔。洞经古乐的乐器：文场多用笛子、箫、笙、大胡、二胡、板胡、三弦、二心、包锣、铛锣、勾锣、碰铃、木鱼。武场多用大鼓、大钟、大锣、大钵、勾锣、马锣、大铰、堂鼓、小鼓、苏铰等，它通过讲、念、诵、唱和配合吹、拉弹、打击乐等演奏，深受广大人民群众的喜爱。

第三节 邛都洞经音乐的艺术特征

中国古代音乐文化源远流长，丰富多彩，发展至盛唐时期达到辉煌的顶峰，后几经战乱便灰飞烟灭，踪迹难寻。邛都洞经音乐传衍千百年，与其他文化形式生息与共，始终在民间盛传。尤其是近几年，邛都洞经音乐得到了政府有关部门的重视，社会影响加大，又逐渐进入人们的生活中。然而，由于种种原因，它一直没有得到音乐、文化学术研究界的广泛关注。千百年来，经过一代又一代洞经传承人的不断加工和传唱，形成了自成一体的独特演唱形式，它既有道教音乐的飘逸潇洒，又有儒家音乐的古朴浑厚，还有宫廷音乐的庄重典雅，再兼江南丝竹的柔美抒情。曲调简洁平缓、优美动听、朗朗上口，它的主旨是劝化人们向上向善，崇尚仁、义、礼、智、信。它通过善友的念、诵、唱，配合江南民间乐器的吹、拉、弹、打的和谐而有序的表演形式，深受民间音乐爱好者和广大人民群众的喜爱，被西方音乐家誉为"中国民间古典交响乐"。邛都洞经音乐是四川省保留洞经谈演程序最完整的，在大量曲目中，多方面地反映了人在自然、社会、历史变迁中的种种感受，反映了中国人崇尚自然、追求和谐的理念，在中国音乐文化史上具有独特的不可替代的地位。

邛都洞经音乐的基本特征是"经""乐""科仪"融合，是一种音乐文化现象。邛都洞经音乐的速度多以行板为多（也有散板和慢板），乐曲开始多从自由速度进入板眼，节奏较为丰富。附点节奏、切分节奏和休比符的运用较为频繁。拍子单纯简练，多属一板一眼结构。以羽调式为主，徵调式和商调式居多，角调式与宫调式运用较少。旋法单纯质朴，音调典雅优美。装饰音的使用丰富了音乐的风格及其表现力。

邛都洞经音乐乐曲量多，覆盖面广，充满活力与生机。其悠长缓慢的特色，有人认为是反映了农耕时代的悠闲自得，也有人认为这是它致命的缺点，但正是那些悠长缓慢的曲子，仍顽强地存活着。邛都洞经音乐使用的传统乐器和一些小打击乐器，简陋古朴，但谈演起来，那古远优雅的旋律，却令人难以忘怀。而这种旋律和方式正是在现代工业化与全球化冲击下逐渐消亡的传统文化精神的遗存。

在长期的流传中，邛都洞经古乐已形成了自身的特点。

（一）曲调古老

邛都洞经古乐是目前四川省保留洞经谈演程序最为完整的一支，它使用的经腔，其曲调大多是明清以来由西昌洞经音乐前辈经生，通过口传心授一代一代相传下来，至今仍然保留和继承了早期洞经音乐遗风。

（二）风格高雅

邛都洞经音乐是以五声音阶为主，七声音阶为辅的古典音乐形态。其表现的音乐具有典雅、庄重的雅乐风格。这种风格高雅而不庸俗，淳厚而不轻浮。聆听时，可以净化心灵，调动人的善良心性。音乐庄重而沉静，深切而悠远，听众犹如置身高堂圣殿之中。因其以宫、商、角、微、羽等五音为主，加变徵和变宫音，组成七声音阶，保留了中国古典音乐的基本特色。

（三）形式多样

邛都洞经古乐既有丰富多样的声乐经腔，如抒情性较强的经腔——谈腔，宣叙性较强的经腔——诵腔，行腔自由的经腔——读腔。加上风格各异的器乐曲牌，以及丰富多彩的传统乐器，吹、拉、弹、打一应俱全，从而形成了现今邛都洞经古乐的地域特色。邛都洞经音乐的演奏有管弦及打击乐合奏和丝弦合奏两种。管弦及打击乐合奏多用于谈演经腔，丝弦合奏多用于演奏曲牌等。所有乐曲的速度主要为慢板或中慢板，很少有行板或快板。此外，邛都洞经音乐坚持演奏时不同乐器以不同的方式变通处理音符，乐器对音乐旋律的润饰以学唱"工尺谱"时的润腔方式为基础，因而各种乐器在演奏中的加花变奏手法上，深深地打上了民间音乐风格的烙印。邛都洞经音乐的各种乐器演奏时不换把位，各处按不同的音域、不同的加花变奏手法展衍统一的旋律，从而形成丰富的支声复调织体，既有中国古典音乐娴雅清丽的雅乐属性，又有深沉含蓄、婉转幽怨的民间音乐风格，其效果与艺术感染力是其他地区的洞经音乐所无法比拟的。

（四）曲目丰富

邛都洞经古乐不仅保留有大量的经书和曲谱文本资料，而且还遗存有不同形式的洞经乐曲，如《前七曲》《后七曲》《新大洞》《老大洞》《新三洞》《老三洞》《七曲腔》《始自腔》《上天梯》《跳灯鼓》《朝山会》《七节半》等，共200余首。其中，有的采用民间常用的"工尺谱"记录，是一笔珍贵的传统音乐资料。

第四节　邛都洞经音乐的价值与功能

邛都洞经音乐是随《文昌大洞仙经》中的儒家思想演化出来的，既有宗教特色，又有社会教育意义，是通过口传心授的形式传承，辅以古本的改进提升，并以独特的唱腔及乐器伴奏，形成特有的艺术表现形式，与民间音乐交相辉映，能启迪人们的向善心理，为构建和谐社会出不可替代的贡献。被西方音乐评论家誉为"中国的交响音乐"。

数百年来，洞经古乐不断地丰富、深化、升格，成为文艺界的新宠，成为爱国爱儒永恒的经典音乐，在共建净土，特色社会主义文化发展大繁荣方面，都江堰市有一定的分量，这是先圣为我们留下的璀璨的文化遗产，影响深远，与笃实的学养一脉相通，具有鲜活的时代特色，"仙乐妙韵深入人心"。邛都洞经音乐的幸存，证明中国古老的多样而丰富的音乐文化并没有完全消失，它以其大量的曲目、独特的谈演方式和自成体系的传承方法，延续着传统中国音乐的血脉。邛都洞经音乐以其悠久的历史和多元的文化特征，被音乐学界认为它在人类学、语言学、民俗学、中外文化交流史等学术研究方面同样有很高的学术研究价值。

一 邛都洞经音乐的价值

（一）历史价值

邛都洞经音乐尽管在西昌流传的时间并不算长，但它作为中国洞经音乐的一个分支，其渊源则十分久远。据国内有关学者研究，它的音乐源于道教音乐，并受到佛教音乐、宫廷音乐和民间音乐的影响，至少有千年以上的历史，是中国传统仪式音乐的活化石。

（二）文化价值

邛都洞经古乐是中华文昌文化的一个重要组成部分，其文化内涵十分丰富，内容涵盖了伦理道德、劝孝劝善、文学艺术、音乐绘画、中医养生、庙会祭祀、民风民俗等，是中华传统儒学文化和文昌文化在洞经音乐中的体现，是人们认识中华传统文化的一个重要内容。邛都洞经音乐同时还是当地人民的一种生存方式，是西昌历史发展过程中西昌地区人民的生活方式、智慧与情感的载体，具有文化身份认同的意义。

（三）教育价值

邛都洞经古乐之所以能传承至今，一方面是因为它以文昌文化为载体，通过音乐来宣扬儒家的五伦八德及仁、义、礼、智、信。教化人民敬天畏地，忠于国，孝于亲，和于人，在当前人们面临经济大潮，物欲横流、人心浮躁的社会里，具有教育价值。

（四）审美价值

邛都洞经古乐是中华传统文昌仪式音乐的遗存，但它的音乐庄重、宁静、古朴、典雅，由于长期流传在川西南地区，加之与云南交界，因而在总体风格上，显然具有川滇融合的地域风格，因而无不深受当地老百姓的喜爱，具有与其他地区洞经音乐不同格调与独特韵味，受到国内外学者及国际友人的关注和赞赏。

（五）研究价值

邛都洞经音乐是明清以来，经过几代洞经音乐传人的艰苦努力和共同培育的结果，它的每一部经典，每一种仪礼，每一首乐曲，每一件乐器，以及每一个陈设都包含着丰富的历史文化信息，是我们研究中华传统文昌文化与洞经音乐，以及地方传统音乐的一笔宝贵的音乐文化遗产。邛都洞经音乐的传承有其特殊性，"领腔生"在谈演洞经中有极其重要的地位，韵腔及器乐是跟随"领腔生"的。"领腔生"要根据不同的科仪，主持不同的仪式活动，掌控整个谈演过程，这些是需要经验和灵性的，不能以程序指引，也不可能全部依文本的方式传承，所以洞经的传承历来是在"口传心授"基础上，一旦离开具体的"口传"，洞经就将变为"天书"，无法解读，散落飘零。尤其近代以来社会剧变，洞经主要依托的文化环境消失，洞经急速衰退，面临了消亡的危机，近年已逐渐引起社会各方面的关注，各地"谈演洞经"的活动也有所恢复。

由于邛都洞经音乐的传承历来建立在"口传心授"的基础上，面临当代社会变革以及全球化的冲击，邛都洞经音乐的传承和生存确实遇到了前所未有的危机。所以，对邛都洞经音乐的保护，不仅对中国古代音乐的研究发掘与保护继承具有重要的意义与价值，对于中国历史以及中国历史上的文化、艺术、思想、哲学、政治、社会、人文等各个方面的学科研究都具有十分重要的意义与价值。

二　邛都洞经音乐的功能

（1）以邛都洞经音乐表演为平台，挖掘和整理洞经音乐文化财富。

洞经音乐最早只有一部《文昌大洞仙经》，随着时代的发展，各地使用的洞经音乐曲调越来越丰富，西昌也应该顺应时代的发展，在发展当地旅游经济的同时，让洞经音乐文化成为另一块旅游品牌。当然，表演这个平台可以帮助保护洞经音乐的同时，也会带来一些负面影响。例如一味追求文化表演的大众化和商品化，就会忽视洞经音乐文化自身的神圣性，甚至对原本的音乐文化进行扭曲，背离了保护与传承的初衷。这就需要更多的洞经音乐传承人重视对失散于民间的古乐进行挖掘整理，同时把民间瑰宝真实完整地展示给世人，这样不仅对洞经音乐文化的传承与发展起到保护作用，还能增强洞经音乐文化的影响力和外界的知名度。

（2）重视邛都洞经音乐文化传承，大力发展邛都洞经音乐文化的传播力度。

目前西昌市收集的文昌洞经乐谱有几十首，还远远不能满足洞经音乐长足发展的需要。据不完全统计，云南省在建国初期就已经有近二千支曲子，比较起来，邛都洞经音乐的乐谱应加大力度进行挖掘。因此，需要在相关部门的大力支持下，对已经丧失或即将丧失的洞经音乐曲谱进行补充与整理。另外，应当壮大邛都洞经音乐传承人队伍，参照云南文昌洞经音乐乐队的编制，适当地增加二胡、唢呐、大三弦、四弦琴、葫芦琴等乐器，这样将会大大增强邛都文昌洞经乐队的演奏效果。

（3）以各种形式的民间活动扩大邛都洞经音乐文化的影响力，从而达到保护和发扬洞经音乐文化的效果。

从邛都洞经音乐文化的发展历史来看，清朝时洞经会的谈经活动已经远远超出了祭拜文昌帝君的范围，而呈现出包括佛教和其他民间活动的祭拜内容。邛都洞经音乐文化活动也应该像其他地区洞经音乐的发展一样，广泛组织各种民间活动，邀请学界各类民俗或文化专家，对西昌市洞经音乐文化进行考察与学术研讨，以此能从理论层面促进洞经音乐文化的发展。

第五节　邛都洞经音乐的影响

西昌市邛都洞经古乐团经四川省文化厅批准同意作为特邀代表，参加中国成都第三届国际非物质文化遗产节，于 2011 年 5 月 28 日在成都进行展演。成都国际非遗节是经国家批准的四大文化节庆之一（即北京国际音乐节、上海国际艺术节、河北吴桥国际杂技节、成都国际非遗节），这次非遗节应邀来川的党和国家领导人，国家相关部委领导，联合国教科文组织总干事特别代表，72 个国家和地区，各国驻华使馆数十位大使，国民党中常委黄一成，国内各省市、自治区、计划单列市和省会城市的厅局长将出席相关活动，国内外参加展演的演员有 1200 多名。

2011 年 5 月 30 日，邛都洞经古乐团在凉山州馆展演厅内展演洞经古乐，受到国内外来宾和游客的热烈欢迎和好评，台上所有团员认真演出，整个凉山州馆内掌声不断，一致称赞邛都洞经古乐很好，很动听，观众的认可使团员受到了极大的鼓舞，展演获得极大的成功。下午在大会组委会的安排下，邛都洞经古乐团又到各省、市、自治区的非遗节展演大舞台上演出，数千名观众观看了演出，在演出前后受到成都电视台的专门采访，演出中，省内外多家电视台摄像采访，整个演出均获得成功，演出结束，省文化厅领导在接见州文化局参加非遗节的相关领导和我团李国祥团长时，对邛都洞经古乐给予很高的评价，并表示将邛都洞经古乐推荐申报国家非物质文化遗产保护。

演唱洞经音乐是洞经文化传承的重要载体，邛都洞经古乐团自成立以来，突出经文史料的挖掘、音乐团队的建设。县城有"洞经古乐团""洞经古乐演唱队"，其达 98 人之多，明月分会经乐队 32 人，共计 130 来人的经乐队伍。在祭祀老子、文昌、关圣、孔子、桓侯、释迦诞辰，除啸咏本经，如《道德经》《阴骘文》《觉世纪》《孝经》等相关经文外，必加 1 ~ 3 章《大洞仙经》，即将《大洞仙经》作为通经。唱《文昌香赞》《杨枝赞》《八卦赞》《得胜令》《小开门》《南清宫》等洞经音乐。当今精神文明建设，与时俱进，把洞经音乐搬上文艺舞台，登上大雅之堂，演奏《瑞祥宝诰》《洞仙歌》《锦堂月》《傍妆台》等经典套曲，气势磅礴，舒缓悠扬，引人入胜。可以将传统的、现实的结合传承，让它发扬光大，走出西昌，跨向全国乃至世界，指日可待。

综上所述，邛都洞经音乐文化历经岁月的洗礼，是洞经音乐中珍贵的文化遗产。随着西昌市文化旅游业的快速发展，邛都洞经音乐文化将会以更好的面貌呈现给音乐学界的专家及众多民间爱好者。如何借助这一良好时机发展邛都洞经音乐文化，将是我们面临的共同课题。我们都应当遵循在发展中加以保护的原则，为邛都洞经音乐文化提供生存的土壤与空间，让洞经音乐文化既满足现代发展的需要又不失其原始风貌。

参 考 文 献

1. 王昌富：《凉山彝族礼俗》，四川民族出版社 1994 年版。

2. 刘若尘主编：《梦幻美姑》（内部资料），2005 年。

3. 马学良等编著：《彝族文化史》，上海人民出版社 1989 年版。

4. 徐万邦、祁庆富：《中国少数民族文化通论》，中央民族大学出版社 1996 年版。

5. 陈久金、卢央、刘尧汉：《彝族天文学史》，云南人民出版社 1984 年版。

6. 张玉琴：《传统艺术的地方性传承——永胜洞经古乐会现状调查》，《民族音乐》2012 年第 6 期。

7. 甘绍成：《洞经音乐产生时间考辨》，《音乐探索》2010 年第 1 期。

8. 甘绍成、苏坤：《建国以来中国洞经音乐研究的回顾与思考》，《歌海》2014 年第 2 期。

9. 牛东梅：《洞经音乐理论研究现状与问题》，《交响》（季刊）2010 年第 3 期。

10. 张云霞：《加快洞经音乐开发推动梓潼县旅游经济快速发展》，《中国经贸导刊》2009 年第 23 期。

11. 吴如蒋、徐双贺、刘晓庆：《旅游背景下文昌洞经古乐的传承研究》，《城市旅游规划》2014 年第 10 期。

12. 张盼：《论文昌洞泾古乐的价值》，《艺术评论》2013 年第 1 期。

13. 和力民：《论丽江洞泾音乐的特色和起源》，《南京艺术学院学报》2009 年第 3 期。

后　记

　　凉山非物质文化遗产资源丰富，底蕴厚重，具有较高的历史传承价值、审美艺术价值、科学认识价值、社会和谐价值。凉山坚持"保护为主、抢救第一、合理利用、传承发展"的非物质文化遗产保护方针，贯彻执行好国家关于保护非物质文化遗产的普查制度、传承人制度和名录制度，深入挖掘和保护了一大批鲜为人知并多弥足珍贵的非物质文化遗产，申报了一大批国家、省、州、县（市）级非物质文化遗产代表性名录及其代表性传承人。但我们在非物质文化遗产的理论研究、保护实践和合理利用等方面还有许多缺憾，特别对其了解认识和保护力度还远远不够，为此，利用十年八载陆陆续续编写出版一套《凉山州非物质文化遗产名录丛书》不仅是凉山"非遗"保护的生动实践和有益尝试，而且有望成为文化遗产保护的制度性安排。

　　《凉山州非物质文化遗产名录丛书》是在凉山州文化广电新闻出版局的精心组织和策划下实施的，于2014年12月确定了编委会成员，并力求全面、客观、详尽地介绍各级"非遗"的历史文化背景、主要内容、基本特征和核心价值及其传承与保护的情况，做到资料性和学术性相统一，通俗性和可读性相统一，图文并茂地向广大读者推出非物质文化遗产精品图书。

　　本书作为《凉山州非物质文化遗产名录丛书》第二辑，所收录的"彝族年""彝族银饰制作技艺""毕阿史拉则传说""邛都洞经音乐"四项国家级非物质文化遗产都具有突出的代表性和广泛的认可度，今后我们还将凉山州的其余各级"非遗"汇编成册，陆续推出系列丛书。其目的是保留非物质文化遗产的完整性和真实性，促进非物质文化遗产的存续、传播与发展，并能真正起到存史藏志的作用。

　　本书是团队合作和集体智慧的结晶。由王显晖、阿牛木支、安图提出编著思路和制定撰写大纲，并对全书内容进行统稿。其中第一章由米伍作编写，第二章由巴且拉达、巴且日火编写，第三章由吉则利布、时长日黑编写，第四章由景志明、袁艳编写，书前的摄影作品由游小军、单孝勇、巴且日火、郭建良、胡小平、杨通富提供，他们还多次参与了全书撰写思路的研讨，提出了诸多建设性意见。本书的撰写过程中，在前期各项目申报文本的基础上，参考和汲取了相关文献资料和研究成果的同时，结合实地调查资料作了补充完善。在这里，我们对四川省文化厅、凉山州政府的关怀和指导，中国社会科学出版社的积极支持以及众多朋友的悉心帮助，一并深表谢忱！

　　全书虽然力求准确和全面，但编写者文风不一，加之囿于时间和水平，在具体内容编写中仍有疏漏与不当之处，谨祈读者批评指正。

编写者

2016 年 4 月 20 日